GRANDS VINS de Provence

LES CÔTES DE PROVENCE

Par Jean-Richard Fernand
Photographies Hervé Fabre

COLLECTION
TERROIR
DU SOLEIL

AUTRESTEMPS Editions

© Éditions Autres Temps – 2008

SOMMAIRE

LES CÉPAGES DE L'A.O.C. CÔTES DE PROVENCE

Rouges et rosés :

Le cabernet-sauvignon : originaire du Bordelais, ce cépage universellement apprécié se développe depuis peu en Provence, où il s'assemble à merveille à ses homologues locaux. Très riche en tanins (nombreux pépins), il présente une robe profonde, dûe à ses peaux épaisses et bleues. Grande aptitude au vieillissement, nez caractéristique de poivron vert et arôme de cassis ; il donne naissance à des vins de haute lignée.

Le carignan : originaire d'Espagne, ce cépage tardif adapté aux sols pauvres, fut longtemps le plus répandu en Provence. Très coloré et riche en tanins soutenus, il apporte de la charpente aux assemblages. Ses vignes anciennes peuvent donner des vins remarquables.

Le cinsault : d'origine provençale, résistant parfaitement à la sécheresse, ce cépage très aromatique fait merveille dans les assemblages de rosés pour sa fraîcheur et sa finesse.

Le grenache : originaire d'Espagne, il apprécie les terres chaudes, sèches et ventées. Vendangé à maturité, il offre un potentiel de longue garde. Dans les assemblages de rosés, il apporte corps, alcool, longueur et bouquet.

Le mourvèdre : cépage rouge à petits grains serrés, peau épaisse et grappes côniques. De maturation lente et sensible au froid, il préfère les terroirs chauds et calcaires (on dit qu'il doit « regarder la mer »). Riche en alcool, il présente des tanins fins et puissants, et donnera des vins structurés, souples et charnus.

La syrah : ses baies noires, très concentrées, donnent des vins nobles de longue garde (Côtes du Rhône, Hermitage) si l'on en maîtrise les rendements. Ses arômes complexes de violette, banane, griotte apportent rondeur, puissance et élégance.

Le tibouren : la côte varoise est son terroir de prédilection. Ses arômes et son bouquet, très prisés en monocépage rosé, lui autorisent des assemblages – parfois originaux – mais toujours éclatants.

Les blancs :

Le bourboulenc : cépage très ancien en Provence, originaire de Grèce, il est plus répandu en Languedoc et Minervois, sous le nom de malvoisie. Tardif et rustique, il apporte aux vins finesse et moelleux.

La clairette : très ancien cépage provençal, bien adapté aux sols pauvres et secs. Ses petits raisins à peau épaisse mûrissent tardivement. Elle offre des vins riches en alcool, aromatiques et bouquetés.

Le rolle : d'origine ligure, frère du vermentino corse, ce très ancien cépage provençal fait la notoriété des vins de Bellet. Très robuste, il développe des arômes élégants d'agrumes et de poire, et apprécie le vieillissement en bois.

Le sauvignon : très répandu sur la planète, parfaitement adapté aux vins de Loire (Sancerre, Pouilly-fumé), il réclame des rendements maîtrisés. Ses arômes intenses de fruits verts, de fleurs blanches et sa minéralité en finale apportent aux vins blancs secs élégance, finesse et équilibre.

Le sémillon : leader mondial des cépages blancs, car très résistant aux maladies, quoique sensible à la pourriture. Riche en sucre, il constitue l'élément essentiel du Sauternes. En Provence, on l'utilise pour son gras, sa rondeur et sa touche de miel.

L'ugni blanc : cépage blanc le plus répandu en France et en Italie, c'est l'élément essentiel du cognac et de l'armagnac. En Provence, il donne des vins frais, peu acides et solidement charpentés. Si l'on maîtrise ses rendements, il offre des arômes fins et fruités.

Au VIe siècle avant J.-C., les navigateurs phocéens débarquant sur les côtes ligures de notre actuelle Provence, y ont apporté la culture de la vigne. Ils détenaient cette connaissance des peuples d'Asie Mineure qui venaient de les expulser des ports situés sur la mer Noire. Fondant alors la ville de Massalia (future Marseille), ils enseignent à nos lointains ancêtres l'art de domestiquer cette plante qui se répand sur nos rivages et sur les coteaux de l'intérieur.

Cette Province constitue donc la plus ancienne région viticole de France. Selon l'expert œnologue Pierre Bedot, le premier vignoble varois attesté se situait à la Croix-Valmer, près de Saint-Tropez. Des fouilles archéologiques menées à l'intérieur des terres (Taradeau, La Roquebrussanne) confirment cette antériorité. Il est probable que *Vitis Vinifera* proliférait ici depuis long-temps à l'état sauvage : on a relevé près de Salernes des traces de grains évoquant des pépins de raisin datant du Ve millénaire avant J.-C. !

Peu avant le début de notre ère, l'occupant réclame l'assistance des Romains pour sauver Massalia des appétits du peuple arverne. Malencontreuse alliance, qui entraîne bien le reflux des Gaulois, mais aussi l'éviction des Grecs. Les nouveaux colons avides de nos vins poursuivent donc un fructueux effort en œnologie, science qu'ils maîtrisent de manière étonnante : ils pratiquaient déjà le collage au blanc d'œuf pour clarifier le vin, et contrô-laient la température de moûts en immergeant les amphores dans des puits. Ils possédaient également une connaissance approfondie des sols : nombre de domaines actuels réputés sont établis sur d'anciennes *villae* romaines ; de remarquables vestiges en témoignent encore.

À la chute de l'Empire romain, le vignoble provençal passe alors sous la coupe de la gent ecclésiastique, qui lui prodigue des soins éclairés. Les moines de l'île Saint-Honorat (située au large de Cannes), puis les bénédictins de l'ab-baye Saint-Victor de Marseille s'y investiront durant tout le Moyen Âge.

La noblesse prendra le relais. Le roi René Ier dit le Bon (1409-1480), duc d'Anjou et de Lorraine, roi de Naples et de Sicile mais d'abord comte de Provence, qui s'est retiré à Aix entouré d'une cour d'aristocrates et de gens de lettres, fut également surnommé le « roi-vigneron ». Il sera le meilleur ambassa-deur des vins de Provence auprès de ses commensaux. Eléonore de Provence poursuit cette démarche lorsqu'elle accède au trône d'Angleterre en épousant Henri III : bientôt, toutes les cours d'Europe succombent à cet engouement.

Hélas, le terrible hiver 1709 qui détruit le vignoble national n'épargne guère la Provence et y entraîne la famine. En 1720-1721, c'est la peste qui cette fois décime la population. Il en fallait davantage pour anéantir cette « culture » du vin (dans sa double acception). Dès 1772, l'abbé Rozier publie un mémoire sur « la manière de faire et gouverner les vins de Provence » qui permet d'entamer une vraie réflexion sur le renouveau du vignoble. Le vision-naire prélat y déplorait le laxisme des vignerons, plutôt soucieux de quantité, ajoutant que compte tenu des atouts de leur terroir, ceux-ci pourraient en tirer bien meilleur parti. Légitime reproche qui prévaudra… longtemps.

Le vignoble provençal n'échappera pas au triple fléau qui s'abat sur la France au cours du XIXᵉ siècle. C'est d'abord l'oïdium, maladie cryptogamique apparue en 1847. Seize ans plus tard, le phylloxéra, minuscule puceron parasite, débarque à son tour : 2,5 millions d'hectares de plantations sont détruits, provoquant un désastre socio-économique national. En 1878, l'irruption du mildiou, champignon microscopique s'attaquant à la feuille et réduisant la photosynthèse, entraîne la production de vins « exsangues ». Le remède – tout comme le mal – provient d'Amérique du Nord, sous forme de porte-greffes appartenant à des espèces immunisées. Le siècle se clôt sur une anecdote : pour la première fois, la dénomination « Côtes de Provence » apparaît à Tournon, lors de la création en 1895, du syndicat des grands crus des Côtes du Rhône et des Côtes de Provence.

La première moitié du XXᵉ siècle verra se reconstituer le vignoble provençal et l'essor des caves coopératives. Dans cette période tourmentée, la priorité est accordée aux volumes ; seule une minorité de vignerons éclairés poursuit une recherche inlassable de qualité, créant parfois de véritables dynasties dont la notoriété perdure aujourd'hui. En 1933, une association de propriétaires s'organise autour d'exigences partagées (encépagement, techniques de vinification, embouteillage au domaine) pour obtenir la reconnaissance de leur terroir, qui sera acquise en 1955 : l'INAO accordera la distinction « Cru Classé » à vingt-trois domaines provençaux. Ils demeurent aujourd'hui dix-huit pour l'ensemble de l'appellation. Parallèlement, dès 1951, les Côtes de Provence accèdent à la famille des vins délimités de qualité supérieure (V.D.Q.S.). Par décret du 24/10/1977, l'Appellation d'origine contrôlée (A.O.C.) leur est enfin offerte. Cette consécration implique le respect d'un « cahier des charges » comportant notamment :

• la délimitation d'une aire qui s'étend sur 84 communes (68 dans le Var, 15 dans les Bouches-du-Rhône et une dans les Alpes-Maritimes) ;

• une limitation des rendements à 55 hectos/hectare;

• une variété de cépages limitée à 13 (6 pour les blancs et 7 pour les rouges et les rosés) ;

• le respect des proportions définies pour les assemblages.

Les aspects météorologiques de la Provence ont reçu la bénédiction de Dyonisos et Bacchus réunis, offrant près de 3 000 heures de soleil par an. Les pluies y sont idéalement réparties au début du printemps pour relancer la végétation, et en automne (de préférence après les vendanges !) pour assouplir la terre.

L'aire de production des Côtes de Provence est traversée par douze vents différents dominés par le légendaire mistral, si salubre pour la vigne. Le relief tourmenté, la diversité géologique et atmosphérique ont permis de distinguer plusieurs « climats » :

• la bordure maritime, entre Toulon et Saint-Raphaël, au sol datant de l'ère primaire et constitué de schistes et granits, peu calcaire, tempérée par les brises marines ;

• la vallée intérieure, qui s'étend en demi-cercle au nord du massif des Maures entre Hyères et les Arcs, aux sols d'érosion schisteux (dépression permienne) et au climat sec et chaud ;

• les collines du haut pays, situées au nord de la rivière Argens, plateau triasique du début de l'ère secondaire, à dominante calcaire et aux hivers parfois rudes ;

• le bassin du Beausset, entre Toulon et Roquefort-la-Bédoule, qui encercle l'appellation Bandol. Terrains calcaires et argilo-calcaires, climat méditerranéen ;

• la Sainte-Victoire, bénéficiant par décret du 5 octobre 2005 d'une dénomination « Terroir », qui recouvre neuf communes réparties sur 2 000 ha de la haute vallée de l'Arc, aux sols pauvres et bien drainés de marne, éboulis calcaires et grès. La vigne y bénéficie d'un mistral soutenu, mais ralenti par la falaise exposée plein sud qui accumule et réverbère la chaleur solaire ;

• l'aire de Fréjus, également qualifiée de « Terroir » par décret du même jour, qui recouvre huit communes situées sur les derniers contreforts de l'Estérel, aux sols volcaniques du permien (grès rouges, roches cristallines) et au climat tempéré par les vents marins.

Ces dénominations « Terroir » pourraient s'étendre prochainement à d'autres zones disposant d'une forte identité (la Londe-les-Maures, Pierrefeu…).

L'A.O.C. Côtes de Provence s'étend sur 20 000 hectares et produit près d'un million d'hectolitres. Les vins blancs, de proportion confidentielle (3 %), sont principalement issus de rolle, assemblés à l'ugni blanc, la clairette ou le sémillon. Vifs et frais, très aromatiques, ils sont parfois vinifiés en barriques, qui leur apportent gras et rondeur. Toujours élégants, ils mériteraient une plus large notoriété.

Les rouges (13 % du volume total) peuvent être élaborés selon le décret, à partir de sept cépages différents (essentiellement cabernet-sauvignon, grenache, mourvèdre et syrah). Selon les caractères désirés par le vigneron, certains peuvent être consommés jeunes, dans la quintessence des arômes du fruit. D'autres, charpentés et

un colloque biennal qui se déroule en juin. Sans complexe désormais, on annonce fièrement la « couleur » avec la création d'un label « rosé de gastronomie ».

Curieusement, dès l'origine et durant la majeure partie de son histoire, le vin ne présentait qu'une robe claire, car le raisin était foulé et pressé juste avant fermentation ; il ne pouvait donc atteindre la couleur rouge franc ou profond obtenue par macération. En témoignent maintes représentations relevées en Égypte, en Grèce ou à Rome, et datant d'avant notre ère.

Le rosé a maintenu son hégémonie sous la longue tutelle monastique – qui le qualifiait de *vinum clarum* – jusqu'à la fin du XVIIe siècle. (Les peintres flamands et

CHÂTEAU
L'AFRIQUE

Ce majestueux domaine qui s'ouvre par une longue allée de cyprès et lauriers roses traversant le vignoble possède un riche passé : l'occupation de ses terres par les Romains est attestée par les vestiges d'une *villa* et d'un four. La partie initiale de l'imposante maison-forte provençale remonte au XIVᵉ siècle, et les bâtiments actuels furent érigés en 1840. Château l'Afrique doit l'exotisme de son nom à la mode orientaliste de cette époque, placée sous l'influence du peintre Géricault. Par référence, le chai est agrémenté d'une collection de masques africains.

Déjà propriétaire de vignobles adjacents, Gabriel Sumeire l'acquiert en 1953. Ce fondateur d'une lignée de grands vignerons provençaux que nous croiserons au fil de cet ouvrage va rapidement lui donner sa configuration actuelle. Château l'Afrique est dirigé par son arrière-petit-fils Olivier Sumeire, également à la tête de Château Coussin. Il est assisté dans cette double tâche par le régisseur Alain Resplandin. Ce fidèle collaborateur de la famille depuis 1965, est entouré de son épouse Danielle, chargée de l'accueil au caveau, et de son fils Mickaël, sur le point d'assurer la relève. Pratiquant depuis toujours la culture raisonnée – tradition des domaines Sumeire –, c'est lui qui a convaincu Olivier d'entamer leur reconversion biologique, en voie d'achèvement.

Le domaine s'étend sur 70 hectares dont 60 de vignobles A.O.C. Côtes de Provence. Le sol à faciès argilo-gréseux appartient à la dépression permienne qui entoure le massif des Maures. Âgées de

30 à 40 ans, les vignes entièrement palissées sont labourées deux fois par an et amendées en engrais naturels, fumier de mouton et sarments broyés. L'encépagement est consacré pour les deux tiers au vin rosé et le reste au rouge ; les rendements, maîtrisés par ébourgeonnage et vendanges en vert, oscillent entre 40 et 45 hectolitres par hectare. La récolte, entièrement manuelle, est assurée par une équipe de fidèles habitués effectuant un tri hautement sélectif, et la cave dispose des derniers équipements : cuves inox thermorégulées, deux pressoirs pneumatiques.

Le domaine élabore deux cuvées rouge et rosé. *Château l'Afrique rosé* (grenache 60 %, cinsault, syrah et tibouren) est vinifié par macération pelliculaire à froid et fermentation à 18°. Le rouge, issu majoritairement de syrah, est généralement éraflé. Il sera vinifié et élevé en cuve inox. Depuis 2004, en effet, Olivier Sumeire en a cessé l'élevage en foudres afin de conserver le plus authentique reflet du terroir. La cuvée haut de gamme, baptisée *César*, est née en 1989. Vinifiée et élevée comme son homologue, elle provient des meilleures parcelles des vignes les plus anciennes. Le rosé

(grenache : 90 %, tibouren) présente une robe pâle aux nuances abricot, un nez de petits fruits rouges et une bouche savoureuse de fruits exotiques, d'a-grumes. Le rouge (syrah : 90 %, mourvèdre, caber-net-sauvignon) présente une robe rubis foncé, un nez complexe d'épices, cacao et truffe, et une bou-che chaleureuse aux tanins puissants, prometteurs d'une longue garde.

Cette magnifique cuvée doit son nom au sculpteur César, qui fut un très ancien ami de la famille et dont le père était lui-même en affaire avec Élie Sumeire, fils du fondateur. L'artiste, grand amateur de ses vins, avait conçu en leur hommage une com-pression d'étiquettes qui illustre désormais cartons et capsules, avec sa signature en évidence.

DOMAINE DE L'ANGUEIROUN

Curieusement baptisé « petite anguille » en provençal, ce domaine de 120 hectares évoquerait plutôt la murène par sa taille ! Sur cette ancienne réserve de chasse, autrefois propriété d'un marquis, le vignoble créé en 1931 par un négociant en vins hyérois comprenait alors 18 hectares et côtoyait des cultures maraîchères.

Rien ne prédestinait Éric Dumon à une carrière vigneronne, hormis d'heureux souvenirs d'enfance parmi les treilles de son grand-oncle, possesseur du Clos d'Albizzi à Cassis. Ce Marseillais de 32 ans, installé à Barcelone, dans un cabinet d'audit financier, hérite en 1998 d'une manne qu'il destine à l'acquisition d'un vignoble. Sa première journée de quête le conduit à l'Angueiroun : coup de foudre immédiat pour ce domaine sauvagement agreste qui surplombe la mer.

Monsieur Lorne, propriétaire cédant, initie patiemment son jeune successeur aux promesses du vignoble, dont il avait entrepris la renaissance. Le nouveau maître des lieux entame en parallèle une longue formation technique, et s'empresse de restructurer les terres. La création titanesque d'un cirque (« les Arènes ») orienté sud-est face à la mer, accueillera des plants de cinsault, grenache et cabernet-sauvignon. L'ancienne équipe de techniciens est conservée, et le travail parcellaire des vignes s'organise avec les conseils du cabinet d'œnologie Bertin-Dubois.

Entourant un mas du XIXe siècle typique des rivages provençaux, le vignoble âgé d'une quarantaine d'années s'étend aujourd'hui sur 38 hectares de coteaux. Les sols d'origine primaire sont constitués de schistes, micaschistes et quartz. Les pratiques culturales de la vigne sont dictées par la lutte raisonnée et les vendanges en vert maintiennent les

rendements entre 35 et 45 hectolitres par hectare, selon les parcelles et les cépages. La vendange, manuelle pour les rouges, s'effectue mécaniquement de nuit pour les blancs et les rosés, afin de sauvegarder la fraîcheur des baies. La cave, traditionnelle, s'est équipée d'un groupe de froid en 2004, et le très ancien chai d'élevage, destiné aux rouges, est totalement enterré.

Les rosés représentent 60 % de la production de l'Angueiroun ; ils sont vinifiés avec macération courte et fermentent à 18° en cuves inox sans phase malolactique. Les blancs sont vinifiés à l'identique. Seule la cuvée *Prestige* fermente en bois (moitié barriques neuves en chêne de l'Allier) avant d'être élevée sur lies fines durant six mois.

Les rouges, totalement égrappés, passent en cuvaison de 10 à 20 jours selon cuvée, puis fermentent entre 28° et 30°. L'élevage dure 12 mois en cuves béton pour la cuvée *Réserve*, et en barriques de chêne pour la cuvée *Prestige*.

L'Angueiroun présente trois déclinaisons A.O.C. La première, baptisée *Mathilde*, offre un rosé à majorité grenache, un blanc issu de rolle et d'ugni blanc, et un rouge syrah-grenache. La cuvée *Réserve* s'en distingue par l'addition de sémillon dans ses blancs, de tibouren dans ses rosés, et de cabernet-sauvignon dans ses rouges. La cuvée *Prestige*, fleuron du domaine, provient d'une sélection des meilleures parcelles et des plus anciens cépages. Le blanc (80 % rolle, et sémillon) présente une robe soutenue aux reflets dorés, un nez de fruits blancs

très minéral, et une bouche ample de fruits exotiques et d'agrumes. Le rosé (grenache majoritaire, puis cinsault et syrah) se distingue par une robe très pâle, un nez de rose et une bouche soyeuse de fruits frais. Le rouge (majorité syrah, puis grenache et cabernet-sauvignon) à la robe grenat et au nez de violette, offre une bouche onctueuse et réglissée avec une finale de fruits noirs.

Grâce à ses vins très typés, associant corps, finesse et caractère, Éric Dumon est passé en moins de dix ans du stade de néophyte à celui d'élu parmi les nouvelles gloires de l'appellation. Insatiable perfectionniste, il oriente actuellement ses recherches vers de nouveaux assemblages de rouges qui devraient encore nous surprendre…

CHÂTEAU BARBEIRANNE

Nous sommes ici au cœur de la Provence intacte et secrète, dans un havre de quiétude et de beauté. Les 60 hectares de la propriété n'ont pour vis-à-vis que la crête des Maures émergeant au-dessus des forêts de pins et de chênes-lièges.

C'est en 2006 que Marie-Noëlle Febvre, quittant une carrière entamée dans le champagne, puis en Moselle, tombe sous le charme des lieux après une longue quête d'un domaine viticole sudiste. Renouant alors avec son inclination pre-mière (BTS en viticulture-œnologie), elle poursuit, avec la complicité d'Henri Hebel, la cure de jouven-ce du vignoble entreprise par ses prédécesseurs. La bastide du XVIIIe siècle, entièrement rénovée, a recouvré son élégance originelle. Les bâtiments techniques, situés à l'écart, sont traités en parfaite harmonie architecturale, et abritent un matériel adapté aux ambitions avouées : cave entièrement climatisée, cuves en inox thermorégulées, pressoir pneumatique. Un magnifique chai à barriques de 300 pièces (chêne de l'Allier) couronne l'ensemble, et le caveau de dégustation s'entoure d'un jardin à la française en pleine évolution.

Les 34 hectares de vignes entièrement A.O.C. reposent sur un sol argilo-calcaire caillou-teux, et jouissent d'une importante amplitude ther-mique propice à la santé du raisin. Taillées en cordon de Royat et traitées en culture raisonnée, ces vignes produisent en moyenne 1500 hectolitres dont 1000 de rosés, 400 de rouges et 100 de blancs. Quelques hectares ont été récemment acquis pour permettre le renouveau du vignoble, âgé d'une quarantaine d'années. Les rendements oscillent entre 40 et 50 hectolitres par hectare

selon les cépages, et les vendanges sont manuelles, avec tri sélectif à la parcelle. L'ensemble est confié au jeune œnologue et maître de chai Alexandre Périer.

La cuvée du château, *Réserve Tradition*, se décline en trois couleurs. Les blancs (moitié rolle, moitié ugni blanc) passent en macération pelliculaire, avec pressurage direct, débourbage à froid et levurage des moûts sous température régulée, puis sont élevés 4 mois en barriques. Les rosés (grenache majoritaire, puis cinsault et syrah) subissent une macération pelliculaire courte puis un pressurage pneumatique doux (saignée pour la syrah) et sont élevés sur lies fines. Les rouges, éraflés et foulés, passent en cuvaison durant 3 semaines avec remontages quotidiens, puis sont élevés en barriques durant 12 à 24 mois. Les cuvées haut de gamme régulièrement primées s'octroient un nom par couleur. Le blanc 100 % rolle *Vallat Sablou* (courte macération pelliculaire, pressurage pneumatique) est vinifié et élevé sur lies fines dans le bois pendant 5 à 6 mois et bâtonnage. Il autorise une garde de 3 ans. Le rosé *Cuvée Camille* (60 % grenache, 30 % syrah, 10 % rolle) macère 2 à 3 heures avec sélection des

premiers jus, puis fermentation en fûts avec bâton-nage pendant 6 mois. Issu du mariage entre le bois et le tanin, il trouve son plein épanouissement au bout de dix-huit mois. Le rouge *Cuvée Charlotte* (syrah majoritaire, puis cabernet-sauvignon et mour-vèdre) passe en macération longue de 3 à 4 semaines avant élevage en barriques (100 % de bois neuf) durant 12 à 15 mois, et réclame une garde de 3 à 10 ans, selon millésimes. De plus, il s'exprime pleine-ment après carafage.

Les terres du Château Barbeiranne autrefois foulées par les légions de Marcus Aurelius Probus se trouvent désormais à l'écart de l'envahisseur sai-sonnier. L'amateur de vins façonnés dans la rigueur et la discrétion trouvera cependant sans peine le chemin qui y conduit.

CHÂTEAU BARBEYROLLES

Diplômée en Sciences politiques, docteur ès lettres, Régine Sumeire n'a que 27 ans lorsque, sur le point d'entamer une carrière universitaire, elle décide soudain de suivre la voie de ses glorieux ascendants (l'édifiant parcours de son grand-père Gabriel Sumeire, fondateur de la dynastie vigneronne qui porte son nom, est évoqué ci-après : voir Château Coussin). Avec l'aide et les conseils de son père Roger, elle acquiert Château Barbeyrolles pour son charme alangui et son terroir prometteur. Les 12 hectares de vignes qui l'entourent au pied du village de Gassin bénéficient de la douceur maritime et de ses brumes rafraîchissantes, et reposent sur des terrains constitués de schistes datant de l'ère primaire.

Régine entreprend alors de nouvelles études – agricoles cette fois – et entame conjointement les nécessaires travaux de remise en état sur le domaine. Son objectif est simple : parvenir au plus vite à ce niveau d'exigence et de qualité que son père lui offre en exemple. Sa première vinification, en 1978, concerne rouges et rosés. En 2005, elle élabore sa première cuvée *Pétale de rose*, fruit de longues recherches, et qui constitue son premier grand pas vers la notoriété. Parallèlement, elle commence à vinifier de plus en plus de cuvées sur la propriété paternelle de Pierrefeu (Château la tour de l'Évêque, également présent dans cet ouvrage) qui lui sera donnée en fermage en 1990.

Au fil des ans, le vignoble sérieusement remanié a fait la part belle au mourvèdre, qui aime tant regarder la mer, ainsi qu'au grenache : chacun d'eux occupe à lui seul un tiers de la superficie totale. En 2004, une nouvelle cave est construite, qui accueillera des pressoirs hydrauliques pour optimiser

la douceur du pressurage. Le domaine adhère depuis longtemps aux règles de l'agriculture biologique – la récolte sera ainsi certifiée dès 2008 – avec fumures animales, traitements au cuivre, et absence de désherbants chimiques. Ébourgeonnage et vendanges en vert contribuent à la maîtrise des rendements qui oscillent entre 30 et 48 hectolitres par hectare. Afin de sauvegarder la quintessence du fruit depuis sa cueillette jusqu'à la mise en bouteille, la vendange entièrement manuelle est rigoureusement sélectionnée et triée à la vigne. Dans le même dessein, la cave est construite selon les principes de gravité.

Château Barbeyrolles blanc de blancs est issu de rolle et sémillon, récoltés entre 12 et 13°, et vinifiés par pressurage direct très léger. Après débourbage, fermentation en cuve inox avec maîtrise des températures (16 à 20°), il sera élevé en cuve sur lies fines jusqu'à la fin de l'hiver. Robe jaune clair aux reflets brillants, nez de poire et de fleurs blanches, bouche ample et grasse, minérale. Le rosé Pétale de rose, principalement issu de grenache, cinsault et mourvèdre, est vinifié et élevé comme le blanc ; il présente une robe très pâle et brillante, un nez de petits fruits rouges et de fleurs, et une bouche moelleuse de belle longueur. Le rouge Habillage Noir et Or est issu principalement de syrah cueillie à maturité, totalement égrappée, et vinifié traditionnellement en cuves inox pendant 12 à 15 jours puis élevé en barriques. Robe grenat soutenu, arômes de fruits rouges, épices et vanille, et grande longueur en bouche.

Récemment reçue à l'Académie des vins de France, Régine Sumeire n'a jamais regretté sa soudaine orientation au sortir de l'Université. Cette consécration aurait sans doute ravi son père, disparu dix ans plus tôt, à qui elle doit son indéfectible passion pour la vigne.

LA BASTIDE NEUVE

En réalité, cette bastide se révèle plusieurs fois séculaires, puisqu'elle doit son étrange qualificatif à une rénovation effectuée en… 1820. (Le vignoble serait donc plus ancien encore.) Une infrastructure récente lui a été annexée, offrant une salle de réception et un pavillon balinais dédié au bien-être et à la santé.

C'est en 1988 que la propriété renoue avec sa vocation première, lorsque Hugo Wiestner et son épouse Nicole, citoyens helvètes, l'acquièrent sur un coup de foudre. Ils confient alors à l'œnologue Jérôme Paquette le soin d'élaborer de grands vins sous leur étiquette. Le vignoble s'y prête, qui s'étend sur 17 hectares exposés à l'ubac des Maures. D'époque permienne, le sol est constitué des grès sablonneux et cristallins, issus de l'érosion du massif.

Un matériel performant est installé (pressoir pneumatique, chaîne de froid). La vigne est traitée en agriculture raisonnée, avec amendements organiques, enherbement partiel et maîtrise phytosanitaire. La plantation est densifiée à 5 000 pieds par hectare en plaine, et jusqu'à 6 000 en coteaux. Une parcelle de syrah cinquantenaire est sauvegardée, ainsi que quelques anciens arpents de cinsault et grenache. La taille sévère limite les rendements jusqu'à 35 hectolitres par hectare. Lors des vendanges, le raisin est traité avec soin : la récolte, transportée en caissettes de 20 kilos, est triée à la main. En cave, on procède à un débourbage intense, et l'on pratique une ancestrale méthode bourguignonne, visant à refroidir les moûts avant fermentation pour obtenir davantage de gras. À l'initiative de l'œnologue, l'élevage des rouges s'effectue en boutes (anciens fûts provençaux de 600 litres) pour adoucir les tanins du bois.

En 2001, le vignoble de la Bastide Neuve s'est agrandi de 10 hectares avec l'acquisition du Clos des Muraires, situé à deux lieues de là. Les vignes en terrasse, sur sol argilo-calcaire d'époque triasique, sont essentiellement complantées de syrah.

Le régisseur Richard Pace, qui préside aux ambitions du domaine depuis 2003, élabore sur ce terroir deux grands vins homonymes. *Le Clos des Muraires rouge* (majorité syrah avec une pointe de grenache) macère durant 4 semaines avant d'être élevés 12 mois en boute. *Le Clos des Muraires blanc*, entièrement issu de rolle, passe en macération pelliculaire durant 12 heures, puis fermente en boute, avant élevage sur lies fines durant 6 à 8 mois. Le second blanc du domaine, baptisé *Fleur de rolle* (monocépage), originaire du pied des Maures, reçoit un pressurage direct, macération

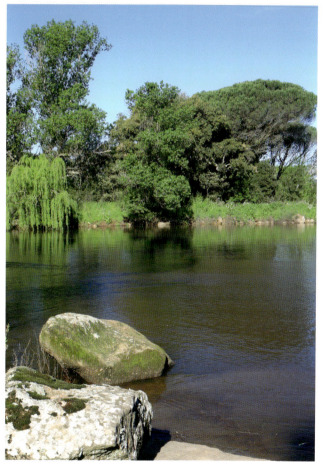

pelliculaire et élevage sur lies fines. Le rosé *Perle des Anges*, issu des plus vieilles vignes du domaine (grenache, tibouren, cinsault), macère durant une nuit avant fermentation lente et élevage sur lies fines, lui aussi. Enfin le rouge *Cuvée d'Antan*, issu de vignes cinquantenaires (majorité syrah, puis mourvèdre), foulé et égrappé, macère durant 4 semaines avant élevage, en boute, pendant 12 mois.

Le légendaire comédien varois Raimu (Jules Muraire de son vrai nom) n'aurait sans doute pas déploré de partager son patronyme avec des vins « autochtones » de cette renommée.

DOMAINE DE LA BERNARDE

Contrairement à ce que suggère le nom du domaine, c'est saint Germain qui trône en effigie sur l'étiquette de ses vins. Crosse dans la main gauche, il semble bénir de la dextre l'allégorique sang du Christ recueilli dans le flacon. Jusqu'au milieu du XIXᵉ siècle, la Bernarde pratique la culture intensive du safran ; çà et là, des fleurs de crocus en témoignent encore. Le domaine s'étend aujourd'hui sur 84 hectares d'un seul tenant, dont 35 de vignes A.O.C. Situé à 250 mètres d'altitude, en coteaux pour la plupart exposés plein sud, il repose sur des sols anciens et profonds d'époque permienne, argilo-calcaires très pierreux (éboulis de collines appelés « gravelettes »).

Le vignoble, entièrement palissé, est plus que cinquantenaire ; on y trouve même des pieds d'ugni blanc plantés en 1913 ! Les époux Meulnart s'y sont installés en 1974, avec un esprit très novateur : pionniers de la mise en valeur du cabernet-sauvignon, ils démontrèrent avec éclat que les grands rouges de Provence pouvaient ainsi se mesurer à certaines gloires girondines…

C'est en 1983 que leur fils Guy, promis à une carrière d'architecte, décide de perpétuer cette ambition, sous la discrète égide paternelle. La vigne bénéficie de soins proches de la biodynamie. Les vendanges sont manuelles, avec tri attentif et transport en caissettes ; les interventions limitent leur rendement à 38 hectos par hectare en moyenne. La production annuelle oscille autour de 1500 hectolitres et comprend 40 % de rouges, autant de rosés, et 20 % de blancs.

Pourvue du matériel nécessaire à l'élaboration des meilleurs vins, la cave dispose d'une centrifugeuse pour récupérer les arômes contenus dans les lies fines ; vinification et mise en bouteille s'effectuent à l'abri de l'air, sous gaz inerte. Le chai souterrain destiné à l'élevage accueille 350 000 bouteilles, et se distingue par l'absence de tout récipient en bois.

La cuvée traditionnelle, baptisée *Domaine de la Bernarde*, présente un blanc de blancs (ugni blanc, clairette, sémillon) vinifié par pressage des raisins entiers, débourbage puis fermentation à basse température sur lies fines. Collage, soutirage et mûrissement en bouteilles durant 6 mois. Le rosé (grenache, cinsault, tibouren), après foulage et débourbage, fermente à 18° maximum. Après soutirage et collage à l'abri de l'air, il mûrit 10 à 12 mois en bouteilles.

Le rouge (grenache, cabernet-sauvignon et syrah, avec une pointe de mourvèdre) est vinifié par cépages séparés. Deux soutirages, aération et collage, maturation en bouteilles durant 18 à 24 mois.

Le Clos Bernarde Saint-Germain constitue l'aristocratie de la maison. Le blanc de blancs issu de sémillon et de très anciennes clairettes situées au nord est vinifié par léger pressurage des raisins entiers, fermentation sur lies fines à 16° maximum. Après soutirage et collage, il mûrit en bouteilles durant 6 mois. Le rosé de première taille (grenache majoritaire, puis cinsault et mourvèdre) fermente à 18° maximum avec sélection des têtes de saignées. Maturation en bouteilles durant 10 à 12 mois. Le rouge tête de cuvée n'est produit que dans les grands millésimes. Issu de syrah (50 %), cabernet-

sauvignon (40 %) et grenache (10 %), il est entonné par cépages séparés et passe en cuvaison lente. Après deux soutirages, aération et collage, il entre en maturation durant 24 à 30 mois. Au début des années 80, il offrit à l'auteur – bourguignon – de ces lignes, sa première grande émotion devant un vin rouge de Provence.

Depuis un quart de siècle, Guy Meulnart poursuit sans démériter l'œuvre parentale, et n'hésite pas à bousculer les plus tenaces préjugés gastronomiques, en proposant l'alliance – étonnante – de son rosé « de première taille » avec… du caviar !

Château de Berne

Ce somptueux domaine de 600 hectares d'un seul tenant conserve les vestiges d'une activité romaine consacrée à la poterie… et à la galanterie (vestiges de bains et ossements de jeunes femmes). Le four de l'époque découvert dans les vignes offre un saisissant raccourci avec la faïencerie du XIXᵉ siècle annexée au château, qui en conserve quelques pièces de collection et un four à cheminée de 6,50 mètres de haut. Le nom de Berne rend hommage à Saint-Bernard, qui aurait séjourné ici (une rivière homonyme parcourt les terres). Les historiens évoquent également une occupation templière, et la présence durant trois siècles de la famille de Villeneuve, grande dynastie provençale.

La première impulsion viticole du domaine fut donnée par Marius Estellon, ancien officier de la marine impériale, et grand ordonnateur de festivités sur place, lui valant le statut de précurseur. En 1985, le Britannique Bill Muddyman remanie entièrement le vignoble, la cave et les chais, et leur adjoint une structure hôtelière et gastronomique, des parcours « loisir-nature », équipements sportifs, et orientation culturelle (concerts, théâtre). En 2007, il cède les clés à son compatriote Mark Dixon. Ce concepteur de services immobiliers d'affaires couvrant la planète maintient le cap initié et lui donne une gigantesque impulsion, qu'il oriente vers le développement durable. Le château sera remanié, l'hôtel agrandi, et le restaurant visera sa première étoile. Le théâtre de verdure et sa scène sur plan d'eau continueront d'accueillir les grands noms du spectacle. La création d'un vaste étang de pêche au cœur des vignes s'ajoutera aux parcours de chasse, et l'art de vivre en Provence sera magnifié : installation d'un centre de bien-être et d'un potager bio à la française devant le château. Séminaires et réceptions s'y dérouleront à l'année.

Le vin demeure évidemment au cœur du projet, avec cours d'œnologie, de dégustation et d'ampélographie. Des investissements pharaoniques sont consacrés au renouvellement du matériel et de la vigne, dont il est prévu de doubler la superficie (actuellement de 80 hectares). Didier Fritz dirige l'ensemble du domaine. Récemment intégré, le directeur technique Daniel Guérin y apporte une longue expérience acquise dans son réputé vignoble de Loire. Ses méthodes novatrices visent à donner aux vins de Berne une personnalité unique, selon l'ambition du propriétaire.

Le vignoble, situé à 320 mètres d'altitude, est orienté sud - sud-est ; il jouit d'un climat quasi continental et repose sur un sol argilo-calcaire rocheux en plateau, pierreux ou sableux en plaine. Travaillé en cul-

ture raisonnée, il est vendangé manuellement (hormis les rosés, dont seul le grain est recueilli en machine, tôt le matin). Les rendements moyens sont de 37 hectolitres/hectare, et les rosés représentent la moitié de la production (30 % pour les rouges, 20 % pour les blancs).

Château de Berne décline trois cuvées sous l'appellation Côtes de Provence : *Terres de Berne* blanc (ugni blanc, sémillon, pressurage direct), rosé (cinsault, grenache, macération avant saignée) et rouge (grenache, syrah, cuvaison longue, élevage en cuves et foudres) ; *Impatience* rosé (grenache, cinsault) et rouge (grenache, cabernet-sauvignon), vinifiés et élevés pour tirer la quintessence du fruit. Enfin, la cuvée spéciale blanc (sémillon, rolle à parité, macération pelliculaire, fermentation en barriques,

élevage sur lies avec bâtonnage, durant 9 mois), rosé (grenache, cinsault, issus de saignée) et rouge (syrah, cabernet-sauvignon, fermentation à 28°, cuvaison 3 semaines, puis élevage 12 mois en barriques de 400 litres). Par ailleurs, une cuvée *viognier*, élevée sur lies fines, signe un blanc structuré et riche. À noter également une *Grande Cuvée*, issue de syrah, magnifique et honorant les grands millésimes (1999), présentée uniquement en magnum.

Les multiples attraits du domaine composent autant d'arguments pour déguster ses vins *in situ*, dans le caveau d'accueil entièrement rénové.

DOMAINE DE BERTAUD-BELIEU

Saint-Tropez s'appelait Anthenopolis lorsque les Grecs y plantèrent les premières vignes ; cette culture prit son essor avec l'arrivée des Romains, puis connut une sombre période lors des invasions sarrasines. La renaissance du vignoble local est due au seigneur de Bertaud, qui en accorda la gérance aux moines de la chartreuse de la Verne. C'était alors l'un des plus grands domaines de Provence : il couvrait une grande partie de la presqu'île et s'étendait sur des milliers d'hectares, jusqu'aux portes de Sainte-Maxime. Il fournissait ainsi le vin de messe destiné au clergé. Durant la Révolution, l'ensemble fut vendu comme bien national à la commune de Gassin, et son morcellement donna naissance à la plupart des domaines actuels situés dans les environs. C'est en 1989 qu'un précédent propriétaire lui annexe le domaine de Belieu tout proche.

Les vignes de Bertaud-Belieu s'étendent aujourd'hui sur 38 hectares et comportent 13 cépages différents. Depuis l'an 2000, des plantations de cinsault ont permis de répondre à la demande de rosés, qui représentent 85 % de la production (12 % de rouges et 3 % de blancs). Deux hectares supplémentaires sont en cours de plantation, exclusivement en syrah. Dès son arrivée en 2006, le propriétaire a doté le domaine du dernier matériel de pointe : l'échangeur tubulaire tout neuf côtoie les pressoirs pneumatiques et autres cuves inox thermorégulées, ainsi qu'un chai entièrement renouvelé.

Le vignoble repose sur un sol constitué essentiellement de schiste, et d'un peu d'argile. Traité en culture raisonnée, il reçoit des amendements exclusivement organiques. Les vignes, entièrement palissées, sont maintenues à des rendements inférieurs à 50 hectolitres par hectare pour les rouges et les rosés, voire à 35 pour les blancs. Les vendanges,

entamées fin août, s'effectuent à l'aurore, en sélectionnant les parcelles : les meilleurs raisins provenant des sommets de coteaux sont réservés à la cuvée *Prestige*.

Bernard Godrie, maître de chai veillant sur l'ensemble des travaux, appartient à la quatrième génération d'une lignée de vignerons bordelais. Installé ici depuis 1989, il est désormais assisté de son fils Fabien, qui perpétuera la tradition familiale. Ensemble, ils président à l'élaboration des deux cuvées emblématiques du domaine. Le rosé *Bertaud-Belieu* (cabernet-sauvignon, grenache, carignan, cinsault, syrah) et sa déclinaison *Prestige* (grenache, cinsault, tibouren) sont vinifiés à l'identique : macération préfermentaire de 4 heures, pressurage pneumatique léger, élevage sur lies fines. Le rouge *Bertaud-Belieu* reçoit une vinification traditionnelle, avec fermentation alcoolique de 15 jours à 26°-28°. Sa version *Prestige* (majorité de cabernet-sauvignons trentenaires et mourvèdre) passe en barrique avant

fermentation malolactique, puis y sera élevée en deuxième passage durant 20 à 30 mois ; il mérite une garde d'au moins 10 ans. Pour les blancs *Bertaud-Belieu* (sémillon, rolle, ugni blanc) et *Prestige* (2/3 sémillon, 1/3 rolle) : macération pelliculaire 4 à 6 heures, pressurage pneumatique et sélection des premiers jus, fermentation à basse température et élevage sur lies fines.

Démarche méritoire : chaque année, une cuvée spéciale baptisée *Vendanges du désert* est élaborée dans un but humanitaire. Karim Jeribi, responsable de la communication du domaine, en organise la vente de charité selon une règle simple : du vin pour de l'eau. Les bénéfices, destinés au peuple Touareg, ont déjà permis la création de plusieurs puits au Niger.

DOMAINE DE LA COURTADE

Lieu de naissance du domaine : paradisiaque, c'est-à-dire Porquerolles, l'une des îles d'or appartenant au Parc national de Port-Cros. Date de naissance : 1983. Cette année-là, Henri Vidal obtient de l'institution tutélaire le droit d'acquérir un terrain pour y construire une maison, à l'impérieuse condition d'y créer des pare-feu. Amoureux de l'île depuis son enfance, cet architecte du théâtre et du musée d'Art contemporain de Nice, inventeur d'un procédé de construction en terre armée, opte pour une protection idyllique : la vigne. Néophyte en cet art, il en confie la création puis la tutelle absolue à Richard Auther, jeune œnologue tout frais émoulu de l'université de Beaune. Ce fils de vigneron alsacien, féru de plongée sous-marine, n'aura guère le temps de prendre l'eau : il baigne depuis un quart de siècle dans l'un des grands vins de Provence.

Aux côtés d'une oliveraie de 800 pieds, la Courtade compte aujourd'hui 30 hectares de vignes composées en majorité de cépages mourvèdre et rolle. Orientées au Nord, face au continent, elles reposent sur un sol d'époque primaire très perméable, riche en oligo-éléments, constitué essentiellement de schistes et d'argile. Palissées à 2 mètres, elles bénéficient de 3 000 heures de soleil par an, tempéré par les embruns, et sont doublement assainies par mistral et vent d'Est. Pas de mildiou ni d'oïdium dans ces heureuses conditions ; la culture biologique pratiquée depuis 1999 sera agréée trois ans plus tard. Mesurée à l'hectare, la densité de plantation se situe à 5 600 pieds et les rendements sont inférieurs à 35 hectolitres, grâce à une sévère taille en vert.

Compte tenu du climat insulaire, les vendanges ont lieu dès la dernière semaine d'août – gageure pour le mourvèdre, cépage au mûrissement tardif. Initialement tourné vers les seuls rouges et blancs, le domaine développe deux gammes complètes issues des mêmes cépages. La cuvée *Alycastre* – nom d'un dragon qui aurait vécu sur l'île, selon la légende d'Ulysse – vinifiée en souplesse, met en exergue le fruit et les arômes variétaux qui se révéleront dès sa jeunesse. Emblématique, la Courtade présente un blanc entièrement rolle. Les raisins, totalement éraflés, subissent une macération pelliculaire puis un pressurage doux de 6 heures. Après débourbage, les jus effectuent en foudre une fermentation alcoolique entre 18 et 20°. Le vin sera élevé sur lies

fines durant un an, avec bâtonnage hebdomadaire les trois premiers mois. Le rosé créé en 2003, deux tiers mourvèdre puis grenache et tibouren, passe en macération pelliculaire durant 4 heures puis fermente en barrique à 18-24°. Il sera ensuite élevé deux mois en fûts, puis six mois en cuves. Le rouge – mourvèdre aiguisé d'une pointe de syrah – est issu des plus anciennes vignes aux rendements de 30 hectos par hectare. Les raisins sont totalement éraflés et la fermentation alcoolique est maintenue entre 28 et 35°. Cuvaison volontairement longue (4 à 8 semaines) pour optimiser l'extraction des tanins les plus fins. Jus de goutte et de presse sont assemblés lors du décuvage. Après fermentation malolactique, les vins seront élevés en barriques durant 12 à 18 mois selon millésimes, et collés au blanc d'œuf avant mise en bouteille. S'ouvre alors un très long potentiel de garde, offert par le mourvèdre.

Osmose de ses deux passions, vigne et plongée, Richard Auther a créé une cave entièrement sous-marine, à 25 mètres de profondeur. Totalement abrité de la lumière, des vibrations et des variations thermiques, ce chai expérimental est régulièrement testé par comparaison avec son homologue souterrain. Au fil des confrontations, la tradition conserve un léger avantage, mais l'expérience se poursuit, confirmant l'insatiable esprit de recherche de son concepteur.

Depuis la récente disparition d'Henri Vidal, c'est désormais son fils Laurent qui assure la destinée de la Courtade avec la même passion. À ses côtés, Richard Auther en perpétue la renommée dans la plus parfaite osmose.

CHÂTEAU COUSSIN

Que d'histoire, sur ces terres ! Celle des légions du général romain Marius qui stoppèrent ici même les envahisseurs barbares en 102 avant J.-C. Relatant l'épopée, Plutarque affirme que les ossements de l'ennemi furent si nombreux que les vignerons de la région en clôturaient leurs vignes ! L'histoire des Sumeire également, liée à celle de Trets depuis huit siècles : en 1238, l'un d'eux appartenait déjà à l'assemblée des notables. Depuis cette date, les écrits mentionnent sous ce patronyme maints édiles locaux : un Laurens Sumeire, maire de Trets, fut même député aux États de Provence en 1789, à la veille de la Révolution.

Au XIXᵉ siècle, la famille développe l'activité de négoce du vin ; c'est Gabriel Sumeire (1880-1968) qui lui donnera son essor et fera l'acquisition de nombreux domaines. Après sa disparition, ses cinq enfants abandonnèrent le négoce pour se consacrer uniquement à l'exploitation des vignobles, avant de transmettre à leur tour le flambeau à leurs descendants.

Château Coussin appartint au XVIIIᵉ siècle à un magistrat aixois qui lui donna son nom. Acquis en 1903, il trouve aujourd'hui à sa tête les arrière-petits-enfants du fondateur, Olivier Sumeire et sa sœur Sophie. La majestueuse bastide du XVIIᵉ détache ses murs ocrés sur la falaise Sainte-Victoire. Situé à 300 mètres d'altitude, le domaine s'étend sur 100 hectares, au sol argilo-calcaire formé d'alluvions anciennes et caillouteuses. Les vignes, âgées de 30 à 40 ans, sont labourées régulièrement et travaillées à l'ancienne (sarclage, griffage). Traitements et fertilisation sont raisonnés : la totalité du vignoble est d'ailleurs en cours de reconversion biologique. L'écimage, très strict, sauvegarde un maximum de feuilles. Les vendanges sont entièrement manuelles.

Reconstruites en totalité, les caves sont à demi enterrées et disposent du matériel dernier cri, avec quatre pressoirs pneumatiques permettant la macération de la totalité de la vendange journalière.

Les raisins pour les rosés et les blancs, totalement égrappés, sont vinifiés par macération pelliculaire à basse température, puis fermentent en cuves inox thermorégulées à fond incliné. Les rouges sont vinifiés traditionnellement (éraflage systématique) et élevés en cuves inox à fond plat. L'abandon du vieillissement en foudres depuis 2004 est le choix d'Olivier, qui vise ainsi l'authenticité absolue du terroir.

Sous l'appellation « Côtes de Provence Sainte-Victoire », Château Coussin présente un rouge et deux rosés. Le rouge (syrah 90 % et grenache) à la robe grenat et au nez de mûre et d'épices, s'ouvre sur une bouche ample et riche intensément fruitée. Le deuxième rosé *Cuvée César* (grenache : 70 % et cinsault) se distingue par sa robe limpide et lumineuse, son nez

complexe de fruits exotiques et de fleurs, et sa bouche équilibrée et longue. Le blanc Côtes de Provence (rolle 70 % et ugni blanc) possède une robe jaune pâle aux reflets verts, un nez d'agrumes (pamplemousse), fleurs blanches, et une bouche très minérale. Enfin, le rouge Côtes de Provence *Cuvée César* (syrah : 60 %, cabernet-sauvignon : 30 %, et grenache) à la robe grenat soutenu, au nez complexe de fruits noirs et à la bouche ample et riche, promet une longue garde.

Les cuvées *César* constituent un hommage posthume au célèbre sculpteur, ami de la famille Sumeire. L'art fait d'ailleurs partie intégrante du domaine : en témoignent ses étiquettes reproduisant les manuscrits de Virgile ou les peintures de Cézanne. Sophie Sumeire Denante oriente elle-même la communication en ce sens, avec un projet d'artistes en résidence, des expositions dans les caves, ou des concerts à l'intérieur du cloître. Renommée des vins, élégance des domaines : totalement investis, Olivier et Sophie perpétuent à leur tour l'esprit de la dynastie Sumeire.

DOMAINE DE LA CROIX

Créé en 1882, c'est le domaine de la Croix qui, la même année, donna naissance à la commune homonyme, future Croix-Valmer sur laquelle il couvrit jusqu'à 400 hectares. Il reçut en 1955 la distinction « Cru Classé », et ses anciens propriétaires contribuèrent activement à la naissance de l'appellation Côtes de Provence.

Acquis en 2001 par le groupe Bolloré, le domaine est désormais couvert d'une centaine d'hectares de vignes, entourées de 80 hectares de bois, chênes-lièges et pins parasols. L'ensemble domine le site paradisiaque de Gigaro. Une première phase de travaux fut consacrée à la restructuration quasi totale du vignoble et à l'assainissement des sols, dans le respect scrupuleux de l'environnement naturel. L'ultime étape de cette métamorphose,

concernant l'ancienne ferme à vocation agricole, est en voie d'achèvement. Elle comprend la construction d'une cave entièrement souterraine, creusée à 8 mètres de profondeur intégrant sur 3 000 m² salles de cuves et chais à barriques. Ouverts sur cet ensemble, des salons de réception et de dégustation couvrant près de 500 m² permettent d'en découvrir l'imposant alignement par les transparences de murs en verre. Outre son intérêt d'isolant naturel, cette facture architecturale a permis de dissimuler tous ces nouveaux bâtiments, respectant ainsi le paysage des vignes étendues jusqu'à la mer. Détail révélateur de cette attentive philosophie : l'ensemble des eaux usagées est entièrement recyclé.

Les vignes de la Croix, bénéficiant des entrées d'air maritimes, reposent tantôt sur des sols superficiels de schistes friables à faible réserve d'eau, tantôt sur des sols plus profonds et caillouteux permettant une sélection optimale des cépages. Les blancs sont réservés aux terroirs les plus frais.

Palissage, taille courte, et forte densité de plantation contribuent à la recherche de qualité. Les raisins sont récoltés à la main en caissettes et rigoureusement triés à l'arrivée au chai. La vendange, égrappée et foulée, est immédiatement refroidie à la neige carbonique. Après macération, rosés et blancs sont pressés, clarifiés, puis fermentent en cuves inox à 16°. Les rouges passent d'abord en macération préfermentaire à 10°, puis sont fermentés et macèrent encore trois semaines pour une extraction optimale des tanins, de la couleur et des arômes. Ils seront élevés en fûts de chêne pendant 12 à 18 mois.

Différentes gammes de vins représentent le domaine de la Croix. Le grand vin cru classé d'excellence, classique et pur, comprend un rouge issu de syrah, mourvèdre et grenache, un rosé issu des

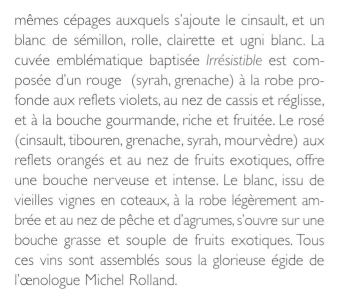

mêmes cépages auxquels s'ajoute le cinsault, et un blanc de sémillon, rolle, clairette et ugni blanc. La cuvée emblématique baptisée *Irrésistible* est composée d'un rouge (syrah, grenache) à la robe profonde aux reflets violets, au nez de cassis et réglisse, et à la bouche gourmande, riche et fruitée. Le rosé (cinsault, tibouren, grenache, syrah, mourvèdre) aux reflets orangés et au nez de fruits exotiques, offre une bouche nerveuse et intense. Le blanc, issu de vieilles vignes en coteaux, à la robe légèrement ambrée et au nez de pêche et d'agrumes, s'ouvre sur une bouche grasse et souple de fruits exotiques. Tous ces vins sont assemblés sous la glorieuse égide de l'œnologue Michel Rolland.

La renaissance du domaine de la Croix, entamée avec le nouveau millénaire, se déroule donc sous les meilleurs auspices. L'ouverture au public des prestigieux locaux d'accueil, prévue au printemps 2009, permettra de découvrir dans l'élégance de son architecture, l'ambition qui préside à l'élaboration de ses vins.

Château
les Crostes

Édifié en 1653, le château régnait alors sur 320 hectares de terres essentiellement oléicoles (3000 oliviers !) et céréalières ; la vigne n'y occupait qu'une dizaine d'hectares. Ce domaine était alors le plus important de Lorgues ; il appartenait au comte de Ramatuelle et constituait véritablement son cellier (les *crotes* signifiant « les caves » en provençal).

Au cours du XXᵉ siècle, son orientation viticole s'impose. Le précédent propriétaire (l'imprimeur Jean Didier) arrivé en 1986, avait déjà entrepris la modernisation du matériel et le renouveau du vignoble. En 1998, le domaine est racheté par un groupe allemand d'investissement, qui achève l'installation d'un équipement très performant en cave (climatisation et contrôle automatisés, pressoir pneumatique, embouteillage autonome) et crée un magnifique chai souterrain de vieillissement.

Château les Crostes s'étend désormais sur 210 hectares d'un seul tenant, dont 50 de vignes A.O.C. en pleine maturité. L'ensemble, situé à 210 mètres d'altitude, repose sur un sol argilo-calcaire caillouteux de coteaux surplombant la rivière Argens. Ted Garin, œnologue et directeur, règne ici depuis 1991, après des premières armes sur le terroir de Saint-Émilion. Il a instauré des méthodes culturales très proches du biologique, utilisant par exemple un broyeur de sarments pour rendre à ses origines la matière organique. Les vignes sont entièrement palissées et taillées pour une exposition optimale du raisin, et les rendements

sont maîtrisés à 40 hectolitres par hectare. La production à dominante rosé (10 % de rouges et autant de blancs) s'élève à 250 000 bouteilles. Les vendanges manuelles, transportées en caissettes, parviennent en cave par gravité.

Les vins des Crostes se déclinent en trois cuvées tricolores. Dominant l'entrée de gamme, la cuvée *Château* est issue à parité de rolle et sémillon pour les blancs, de cinsault et grenache pour les rosés, de syrah, grenache et cabernet-sauvignon pour les rouges. Créée en 2000, la bien-nommée cuvée *Prestige* couronne l'ensemble. Pour les blancs (2/3 sémillon, 1/3 rolle) : vinification thermorégulée avec blocage de la fermentation malolactique. Robe jaune pâle aux reflets verts, nez de fleurs blanches et d'agrumes, bouche fraîche et souple, fruitée en finale. Les rosés (80 % grenache, 20 % cinsault) macèrent brièvement avant saignée

et température fermentaire contrôlée. Tous deux seront élevés en cuves inox. Robe éclatante, saumonée, nez très floral (rose), bouche bien équilibrée, ouverte sur les fruits blancs. Les rouges proviennent des meilleures parcelles de syrah et cabernet-sauvignon (à égalité), dont les rendements ne dépassent pas 25 hectos/hectare. Après une macération longue, ils sont élevés 12 mois en fûts de chêne espagnol, avec soutirage trimestriel pour maîtriser l'empreinte du bois. Robe grenat lumineuse, nez de violette légèrement réglissé, bouche ronde, épicée, finale de petits fruits noirs.

Dans l'élégant et vaste caveau d'accueil, Linda Schaller organise les dégustations et les manifestations culturelles tout au long de l'année, dans une qualité d'environnement propice à ces nobles activités.

Château d'Esclans

Édifiée par le marquis de Villeneuve au XVe siècle, l'élégante bâtisse bordant les célèbres gorges de Pennafort s'entoure de 267 hectares de terres, dont 44 de vignes. Située en annexe, la cave ultramoderne installée par les anciens propriétaires, et équipée par Sacha Lichine d'un système unique de contrôle des températures, était à l'origine une magnanerie, et le pigeonnier d'antan abrite désormais le laboratoire. L'ensemble s'intègre parfaitement à la majesté du site.

Maître de céans depuis avril 2006, Sacha Lichine est porteur d'un patronyme célèbre dans le monde du vin (son père, Alexis Lichine, propriétaire des Châteaux Lascombes et Prieuré-Lichine à Margaux, est l'auteur de l'Encyclopédie des Vins et Alcools). Après une première somme d'expériences aux États-Unis, Sacha revient en France pour prendre la direction du principal domaine paternel, puis développe sous son propre nom un négoce de vins à l'échelon planétaire. Dès son premier millésime au Château d'Esclans, il affiche clairement son ambition : produire sous cette étiquette le plus grand rosé du monde. D'énormes investissements sont alors concentrés sur les vignes. Composées à majorité de très anciens grenaches, celles-ci reposent sur un terroir argilo-calcaire en pente douce orienté sud-est ; elles sont parcourues d'une rivière et ponctuées de nombreuses sources. À leur tête, monsieur Lichine organise les méthodes de culture les plus strictes : les vendanges s'effectuent uniquement le matin, et seules les grappes à maturité optimale sont retenues. Son confrère Patrick Léon, directeur de Mouton-Rothschild pendant 23 ans, dirige le travail en cave, où parviennent les fruits sélectionnés selon les parcelles et l'âge des cépages. Un triple tri est encore effectué sur table : grappe par grappe, table bouffante, puis tri manuel baie par baie.

Pour extraire le maximum de corps et de rondeur, tout en leur conservant une robe très pâle, le matériel de vinification (refroidisseur tubulaire, pressoir pneumatique) est assorti d'une technique de pointe lors du passage en barriques : chacune (demi-muids de 500 et 600 litres) est munie de sondes thermiques permettant le contrôle des températures par ordinateur.

Château d'Esclans a réussi un coup de maître, avec ses 4 cuvées à majorité grenache, qui macèrent toutes à 10-12°. En appel, *Whispering Angel*, assemblage de grenache, rolle, cinsault, syrah, mourvèdre, est vinifiée exclusivement en cuves inox thermorégulées, avec bâtonnages réguliers. *Château d'Esclans*, assemblage de très anciens grenache et rolle, est vinifiée partiellement en demi-muids. La cuvée *Les Clans*, plus confidentielle, est un assemblage de vieux grenaches et de rolle ; sélection des jus de goutte

exclusivement, vinifiés puis élevés 6 mois en demi-muids, avec bâtonnages fréquents. Enfin, la mythique cuvée *Garrus*, également 100 % jus de goutte, est issue de la parcelle homonyme où poussent les grenaches de plus de 80 ans, et quelques anciens rolles. Même vinification que pour *les Clans*, avec un élevage plus long en barriques (8 mois).

Portés par l'écho médiatique qui entoura le lancement de cette rareté… (« le rosé le plus cher du monde », titrait alors la presse régionale), Sacha Lichine et son équipe n'entendent pas en rester là…

CHÂTEAU FERRY-LACOMBE

Les silhouettes tutélaires des monts Aurélien et Olympe se découpent de part et d'autre du domaine, qui étend ses 120 hectares sur leurs flancs, à 250 mètres d'altitude. Sa dénomination fait référence à la noble famille Ferry, maîtres verriers grenoblois proches du bon roi René qui leur accorda en 1470 le privilège d'installer sur ce lieu-dit « La Combe », une nouvelle fabrique. Les descendants y érigèrent au XVIIe siècle l'actuelle bâtisse et cédèrent l'ensemble en 1820 à une famille de la grande bourgeoisie marseillaise qui l'a occupée jusqu'en 1979.

Riche de sa longue expérience agricole acquise au Brésil, Michel Pinot a repris l'élégante propriété en avril 2000, avec pour ambition d'y produire aussi de grands rouges (historiquement, Ferry-Lacombe était orienté vers les blancs et les rosés). Il s'empresse donc de reformuler l'ensemble des vignes, dont la moitié sera replantée en ce sens. Selon le même dessein, il acquiert récemment 12 hectares situés sur la commune de Puyloubier – magnifiques sols de galets roulés provenant de l'épandage de la Sainte-Victoire – et porte ainsi l'ensemble de son vignoble à près de 70 hectares A.O.C. Côtes de Provence, dont la moitié est qualifiée en terroir Sainte-Victoire.

Les vignes sont âgées de 25 ans en moyenne (8 ans pour les plus jeunes, 60 ans pour certaines !) ; elles reposent sur des sols argilo-calcaires à calcaires sur le haut des coteaux, et comportent 5000 pieds par hectare, palissés à trois fils. La démarche du vigneron est très « biologique » : les amendements organiques sont fabriqués par ses soins, tous les effluents sont retraités, et le PH des feuilles de vignes est analysé pour en adapter le traitement à minima. Enherbement, ébourgeonnage sont de rigueur, et les vendanges en vert permettent la maîtrise des

rendements. Seules quelques anciennes vignes sont récoltées à la main, une mécanique performante assurant le travail de l'ensemble ; un tri manuel minutieux précède l'arrivée en cave par gravité.

Les bâtiments techniques entièrement climatisés ont été reconstitués autour de l'ancienne cave datant du XIXe, qui abrite encore des barriques destinées à l'élevage des rouges. Le matériel, entièrement neuf, comprend deux pressoirs pneumatiques et des cuves thermorégulées.

Jusqu'à l'assemblage, le fidèle régisseur Frédéric Chossenot et l'œnologue Daniel Peraldi entourent Michel Pinot de leurs avis éclairés. Notre homme affiche clairement ses aspirations sur chaque bouteille, puisqu'il vient de rebaptiser ses

cuvées du nom d'étoiles, laissant deviner qu'il entend bien les porter… au firmament. La cuvée tricolore *Haedus* constitue l'entrée de gamme, issue des plus jeunes vignes. Les rouges du terroir Sainte-Victoire, encore en gestation, seront issus des syrahs et grenaches originaires des vignes de Puyloubier. Ce même terroir produit deux cuvées de prestige : *Équinoxe*, en Sainte-Victoire, et *Cascaï* en Côtes de Provence. *Équinoxe* offre une robe légèrement violine, un nez de pêche, une bouche pleine et longue, avec une finale très minérale. La cuvée *Cascaï* provient de petites parcelles sélectionnées, et présente un blanc issu de clairettes soixantenaires et de rolle. Le rouge (syrah, cabernet) macère pendant trois semaines et sera élevé pour 10 % en barriques. Le rosé (cinsault, grenache) macère quelques heures avant saignée, puis fermente

à 18° pendant deux semaines. Il présente une robe pâle aux nuances corail, un nez intense de petits fruits rouges (cerise), et une bouche ample et charnue, d'une rare élégance.

Gageure humoristique ? Le regard espiègle de Michel Pinot, dont le patronyme évoque les grands vins septentrionaux, paraît se réjouir à l'idée de relever sur ses terres provençales le défi bourguignon. L'affaire paraît bien engagée : l'homme s'y emploie et le terroir y pourvoit.

CHÂTEAU FONT-DU-BROC

Le nom provençal, datant d'un millénaire, fait allusion à la source (Font) et à son réceptacle (Broc), promesse de fertilité pour les terres qui l'entourent. C'est en 1989 que Sylvain Massa, manager cannois féru de chevaux portugais, acquiert ce domaine de 100 hectares pour y installer son élevage. La distribution du terroir en magnifiques restanques à une centaine de mètres d'altitude et son exposition sud-est face à la mer toute proche vont rapidement le convaincre d'y faire renaître le vignoble d'antan.

Le sol argilo-calcaire se révèle lui aussi très prometteur : parsemé d'une roche coquillier, il présente des cavités où s'infiltrent les racines des ceps qui puiseront ainsi le minéral propice à l'élaboration de grands vins. Après de gigantesques travaux de terrassement, 25 hectares de vignes ont été plantés. Âgées aujourd'hui d'une quinzaine d'années, elles sont constituées pour 1/3 de syrah, puis de rolle, cabernet-sauvignon, mourvèdre et grenache, produisant 400 hectolitres de rouges, 200 de rosés et 130 de blancs.

Parallèlement, au cœur du domaine fut édifiée de toutes pièces une vaste propriété qui comprend désormais le château bordé de son parc à la française, ainsi que 3 magnifiques salles de réception, des bâtiments techniques et des bureaux parfaitement intégrés dans leur facture toscane. Clou architectural, signé par des artistes-compagnons du Tour de France : une cave aux voûtes d'inspiration cistercienne, qui a

nécessité quatre années de travaux. Creusée à 18 mètres sous terre, elle abrite le chai d'élevage où sont alignés une centaine de demi-muids (barriques en chêne de Tronçay, de 600 litres) destinés à l'élevage des rouges.

Le traitement de la vigne bannit les produits systémiques et les insecticides (culture certifiée biologique en cours d'agrément). Les vendanges en vert maintiennent des rendements inférieurs à 35 hectolitres par hectare. Les baies sont cueillies à la main, avec plusieurs tris, en quête de maturité optimale. Tous les raisins sont égrappés, foulés, et la vinification allie les méthodes ancestrales et une technique – novatrice en Provence – pour les rouges.

Château Font-du-Broc présente une seule cuvée par couleur. Pour le blanc, entièrement rolle, les raisins sont refroidis à 8° avant macération pelliculaire,

pressurage doux, décantation des jus par le froid, puis fermentation alcoolique partie en fûts, partie en cuves inox à 18° pendant 3 semaines. Bâtonnage hebdomadaire sur 4 mois ; soutirage, assemblage et mise en bouteille début mars. Les rosés, à parité grenache-mourvèdre, sont vinifiés à l'identique, mais fermentent uniquement en cuves. Les rouges (40 % syrah, 30 % cabernet-sauvignon, 30 % mourvèdre) fermentent en demi-muids à fond ouvert – procédé rarissime ! – durant 10 jours à 28° avec 4 pigeages quotidiens, macération sous marcs de 3 semaines, puis décuvage et pressurage en douceur. L'élevage en demi-muids durera 10 à 18 mois selon millésimes. Curiosité : quelques grappes de rolle – une par pied – sélectionnées et vendangées tardivement, donnent naissance à une cuvée baptisée *Vendanges d'automne*. Vinifiée en demi-

muids puis élevée avec bâtonnages pendant 10 mois, cette rareté au long potentiel de garde offre une heureuse alternative provençale au Sauternes.

Dans ce cadre raffiné, entièrement conçu par ses soins, Sylvain Massa est parvenu à concilier ses deux passions, puisque l'arrière du château abrite les écuries et le manège de son élevage lusitanien. Il accueille désormais les aficionados des compétitions de dressage équestre, qui côtoient les amateurs de ses vins autour de manifestations culturelles et gastronomiques qui se déroulent tout au long de l'année.

Château Grand'Boise

Comme son nom le laisse entendre, le domaine s'étend sur 390 hectares de forêts entre-coupées de vignes érigées en pare-feu. Adossé au mont Olympe, il semble toiser du haut de ses 650 mètres d'altitude les falaises de la Sainte-Victoire qui lui font face. La vaste plaine qui les sépare, traversée par l'ancienne voie Aurélienne, fut le témoin d'une bataille mémorable : c'est aux pieds de Grand'Boise qu'en 102 avant J.-C. Caïus Marius, allié aux Massaliotes, brisa l'invasion barbare. À l'époque, déjà, l'on produisait du vin sur le domaine ; peut-être était-ce le motif du conflit ? Durant tout le Moyen Âge, les grands ordres monastiques se sont succédé sur ces terres.

L'élégante bastide qui y trône fut édifiée en 1610 par une famille de magistrats aixois possédant des terres à Trets. Elle confirme la vocation des lieux par la cave voûtée creusée alors dans le roc de soutènement. Une verrerie y était annexée : Grand'Boise fut ainsi le premier domaine provençal à mettre son vin en bouteilles. Alentour, une oliveraie d'un hectare est composée de sujets qui ont connu la Révolution.

Le vignoble s'étend aujourd'hui sur 45 hectares et comprend 77 parcelles disséminées en coteaux, sur 350 mètres de dénivelé (1/3 plein sud face au massif de la Sainte-Baume, 2/3 plein nord face à celui de la Sainte-Victoire). Les sols argilo-calcaires sédimentaires sont pauvres en humus et très caillouteux ; la chaleur est tempérée par l'altitude, et les eaux de ruissellement sont drainées par de nombreux fossés. Nicolas Gruey, régisseur, est ici en

terrain de connaissance ! Assisté du maître de chai Florent Campana, il veille sur les vignes palissées à l'ancienne, et traitées en agriculture raisonnée. La vendange manuelle, en petites caissettes, arrive par gravité dans la nouvelle cave située aux pieds du château, et équipée du dernier matériel de pointe, offrant une capacité de 4000 hectolitres (production actuelle : 200 000 bouteilles). Éraflage total, léger foulage, cuvaisons de 4 à 10 jours selon cuvées. Tous les vins seront collés.

L'étiquette *Château Grand' Boise* offre une gamme complète. Blanc (ugni blanc et rolle) et rosé (cinsault, grenache) sont légèrement saignés et macèrent à froid. Vinification traditionnelle pour les rouges, assemblage de syrah et grenache provenant de vignes aux rendements faibles (35 hectos/hectare). La cuvée *Mazarine* comprend un rouge cabernet-sauvignon et grenache provenant des vignes trentenaires sur le versant sud, et un blanc composé de sémillon avec une pointe de rolle, vinifié en

barriques et élevé sur lies fines durant 12 mois en barriques neuves. La cuvée *Sainte-Victoire* présente les mêmes cépages – syrah et grenache – pour les rouges et les rosés, provenant d'une sélection de parcelles qualifiées dans le terroir. Les rouges seront élevés en demi-muids de chênes français. Enfin, *Olympe*, très confidentielle (4000 bouteilles), uniquement rouge, est un assemblage de carignans et grenaches plantés en… 1903. La vinification s'effectue en cuve ouverte pour une extraction optimale de la matière, et le vieillissement en barriques neuves durera 18 mois minimum.

Après modernisation des locaux techniques, le nouveau propriétaire Xavier Gervoson souligne la renommée de ses vins par une orientation touristique ambitieuse. Le château et ses annexes, entièrement restaurés, hébergent désormais événements artistiques et festifs en osmose avec la majesté du site, et les plaisirs de la dégustation.

CHÂTEAU LÉOUBE

D'importants vestiges témoignent encore ici d'une occupation romaine à vocation agricole. Le château, édifié entre XVe et XVIe siècles, a laissé s'évanouir l'identité de son créateur. Flanqué de ses quatre tourelles circulaires, il expose face à la mer son élégance baroque d'influence toscane. Attisant ainsi la convoitise des envahisseurs maritimes, il connut alors quelques infortunes suivies de restaurations. Fief d'Honoré Gasqui, engagiste de Brégançon, il appartint ensuite au seigneur Brémond de Léouble, avant d'être partiellement démantelé à la Révolution, puis récupéré par la famille qui le conserva jusqu'en 1839. Étape importante : en 1921, Louis-François Aubert s'y installe, et entreprend sa restauration durant cinq ans, aménageant alentour un magnifique parc à la française, et consacrant la priorité à la viticulture, dont la production est destinée au négoce.

La véritable renaissance du château Léoube a lieu en 1998, lorsque Sir Antony Bamford l'acquiert avec l'ambition d'y créer un vignoble et une olive-raie de renom. Il sollicite alors les conseils éclairés de son célèbre voisin vigneron Jean-Jacques Ott, du Clos Mireille, et dont le fils Romain termine ses étu-des d'ingénieur-agricole, spécialité... viticulture-œnologie. Ce dernier rejoindra le domaine en 2000, qu'il dirige désormais avec pour devise : « La Rigueur pour l'Excellence ».

Chaque étape des travaux y contribue ardemment. Sur ce merveilleux terroir – 560 hec-tares d'un seul tenant, avec quatre kilomètres de côtes aux pieds du fort de Brégançon – le vignoble couvre aujourd'hui 62 hectares de sols variés : très schisteux, argilo-schisteux, argilo-sableux. Il bénéficie de la fraîcheur nocturne et des brises portées par la mer. L'âge moyen des vignes est de 25 ans environ ; les anciennes parcelles demeurent conduites en

cordon et gobelet, toutes les nouvelles sont palissées. Le respect scrupuleux de la tradition allié à une culture entièrement raisonnée (taille selon la lune, traitements à minima, amendements organiques), et la maîtrise des rendements par ébourgeonnage, vendanges vertes et concentration des pieds, concourent à un seul objectif : la beauté du fruit.

Les vendanges sont entièrement manuelles et triées deux fois. Leur transport jusqu'en cave limite au maximum les triturations et altérations. Les chais entièrement rénovés comprennent cuves inox thermorégulées, cuves béton, pressoirs pneumatiques et foudres de chêne ; la vinification y est contrôlée tout au long du cycle. L'assemblage s'effectue au pressurage pour les rosés et à la mise en cuve pour les rouges.

Château Léoube produit près de 250 000 bouteilles, dont les trois quarts en rosé et le reste en rouge. Le blanc y demeure confidentiel (6 000 bouteilles). Assemblage paritaire de rolle et sémillon, il fermente en cuve inox, avec clarification naturelle de 5 mois, et mise en bouteille au printemps. Robe jaune clair, lumineuse, nez citronné, bouche longue, élégante et fluide. Le rosé du château, vinifié à l'identique, est issu de grenache et cinsault à 40 % chacun, puis syrah et cabernet-sauvignon (10 % chacun). Le rosé baptisé *Secret de Léoube* doit son nom au mystère qui entoure son complément d'assemblage, partiellement issu de cinsault et grenache. Son caractère racé le destine à la gastronomie. Le rouge du château (cuvaison 9 jours minimum, fermentation malolactique en cuve, élevage et clarification de 8 mois) est issu de syrah et mourvèdre

(25 % chacun) puis grenache et cinsault (20 % cha-cun) et carignan. Le rouge *Les forts de Léoube*, assemblage de syrah, mourvèdre, grenache et cinsault est vinifié traditionnellement : cuvaison de 12 jours minimum, fermentation malolactique et long élevage en foudre de chêne. Robe rubis soutenu, nez de petits fruits rouges, bouche ample aux tanins souples avec une finale de sous-bois. Issu des plus vieilles vignes du domaine – parfois quarantenaires – il offre un long potentiel de vieillissement.

Les vins de Château Léoube témoignent en commun d'une quête assidue d'authenticité revendiquée haut et fort par Romain Ott, qui honore à son tour ce glorieux patronyme.

CHÂTEAU MALHERBE

Le domaine de Malherbe constitue géographiquement l'antichambre du fort de Brégançon, érigé au XIe siècle et transformé en résidence d'été de nos présidents de la République depuis 1968.

Ancien vignoble du fort dont il fut détaché au XVIIIe siècle, Malherbe lui fait face à moins d'une encablure, et s'étend sur 2 kilomètres le long d'un littoral miraculeusement préservé. La bastide date du XVIIe siècle ; depuis 1940, lors de son acquisition, la famille Ferrari en a progressivement abandonné la vocation agricole et horticole pour se consacrer entièrement à l'élaboration de grands vins.

Les vignes, âgées de 20 à 40 ans, s'étendent aujourd'hui sur 17 hectares et reposent sur un sol argilo-schisteux, parsemé d'éclats de quartz ou de morceaux de roche-mère qui le rendent perméable.

Baignées par trois mille heures de soleil et rafraîchies par les brises maritimes, leurs baies jouissent d'un parfait état sanitaire, autorisant ainsi des vendanges à maturité tardive, gage d'une concentration optimale.

Mireille Ferrari et son fils Sébastien pratiquent leur activité avec un soin méticuleux tout au long de la chaîne : culture raisonnée et vendanges en vert pour maintenir des rendements inférieurs à 30 hectolitres par hectare. La cueillette et le tri sont effectués à la main, et les raisins arrivent par gravité dans une cave ultramoderne abritant cuves inox et foudres de chêne. L'œnologue Claire Forestier assiste les propriétaires lors des travaux de vinification présidant à la naissance de deux cuvées.

La cuvée *Malherbe* propose une gamme complète. Son blanc, issu de rolle et sémillon à parts égales, est pressé directement en grains ronds, puis passe en macération pelliculaire avant élevage en cuves sur lies fines (12 000 bouteilles).

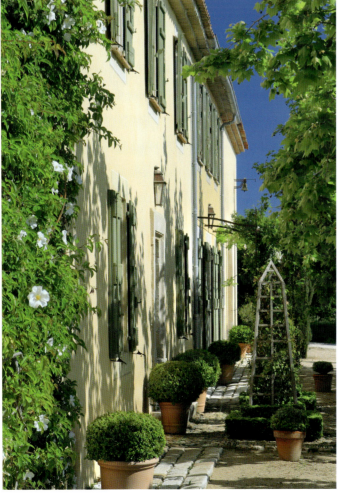

Robe jaune paille éclatante, nez d'amande grillée, bouche ample et longue. Le rosé, assemblage de mourvèdre, cinsault et grenache, est produit par saignée après courte macération, également élevé en cuves sur lies fines (12 000 bouteilles). Le rouge – mourvèdre, syrah, grenache – fermente longuement avec pigeage et sera élevé en foudres de chêne durant 18 mois (8 000 bouteilles).

La cuvée *Pointe du Diable*, provenant d'une parcelle homonyme située à proximité du fort, ne comporte pas de blanc. Le rosé – cinsault et grenache à parité – est produit par saignée après une courte macération (17 000 bouteilles). Robe soutenue, reflets corail, nez complexe épicé ouvert sur la cannelle. Bouche ample à finale groseillée. Le rouge, syrah et grenache à parité, vin de goutte, fermente longuement

avec pigeage et sera ensuite élevé en foudres (12 000 bouteilles). Robe grenat soutenu, nez de réglisse et de gibier ; bouche longue et soyeuse aux tanins déjà fondus.

Tous les vins (qui ont également un tirage limité en magnums) sont présentés dans des flacons de verre sombre qui préserve leur robe de la lumière, et dont la forme renoue avec l'ancienne tradition provençale. Ornés d'un fin ruban, cachetés manuellement à la cire, ils sont d'une rare élégance et promettent un contenu à la hauteur du contenant.

CHÂTEAU DES MARRES

Ce domaine de 30 hectares situé face aux mythiques plages qui s'étendent de Ramatuelle à Saint-Tropez, fut acquis en 1907 par Félix Benet, dont la famille est installée sur la presqu'île depuis 1610. Sous sa tutelle, son fils Henri entreprend bientôt la création d'un vignoble sur ces terres longtemps sylvicoles. Dans les années 1970, Henri Benet transmet le domaine à sa fille Ariane, dont le mari René Gartich appartient à l'élite de la viticulture locale, pour laquelle il a beaucoup œuvré. Ce dernier va alors moderniser totalement le vignoble, optant pour le palissage et la plantation de cépages nobles provençaux. Le moment venu, il passera à son tour le flambeau aux enfants qui seraient volontaires pour perpétuer cette belle aventure. Véronique, l'une de leurs filles, abandonne sans hésiter la gestion hôtelière et Laurent Natalini, l'un des gendres, délaisse immédiatement une carrière de musicien. Ensemble, ce duo de néophytes passionnés, guidé par les vigilants conseils parentaux, entreprend des travaux importants de rénovation. Le vignoble de 27 hectares entoure un ensemble d'élégants bâtiments parsemés d'œuvres d'art. Caves et chais ultramodernes y sont aussitôt installés et dotés de matériel performant, côtoyant un luxueux caveau d'accueil au décor contemporain.

Sur un sol argilo-calcaire issu de la dégradation des Maures, les vignes palissées – entièrement A.O.C. – sont traitées en culture raisonnée, très pointilleuse, et bénéficient naturellement de la régulation thermique et hydrique offerte par la mer toute proche, corrigeant ainsi les excès de chaleur et sécheresse fréquents en ces lieux. Les vendanges manuelles, effectuées tôt le matin pour sauvegarder la fraîcheur des fruits, parviennent en cave par gravité et seront totalement égrappées.

Le proverbe se vérifie une fois de plus : à ces âmes bien nées, la valeur n'a pas attendu le nombre des années. Sous l'étiquette *Château des Marres*, la première cuvée autonome du domaine voit le jour en 2003. La vinification s'y effectue par cépages et parcelles séparés, et les trois couleurs sont représentées. Le blanc, issu de jeunes plantations de rolle, reçoit une macération douce et un pressurage lent, à l'abri de l'air pour préserver ses arômes et sa fraîcheur. Le rouge *Prestige* (syrah : 50 %, cabernet-sauvignon : 25 %, 25 % de vieux grenaches

quarantenaires) fermente en cuve durant trois semaines. Puis, s'inspirant des méthodes bordelaises, le vin est entonné pour 12 mois en barriques neuves et quelques vins, où il subit sa fermentation malolactique ainsi qu'un élevage à l'abri de l'air. À l'issue de ces étapes, il est préparé au conditionnement et sera stocké pendant 6 mois en bouteilles avant d'être proposé à la clientèle. Ce vin au caractère ardent et chaleureux offre un long potentiel de garde.

L'essentiel de la production est consacré aux rosés, déclinés en trois cuvées distinctes. Vinifiée traditionnellement, la cuvée d'entrée de gamme *Cap Rosé* (cinsault : 40 %, tibouren : 20 %, grenache : 40 %) est constituée d'un assemblage des premiers jus de goutte et de première pressée. Trustant les récompenses, le rosé *Château des Marres* (grenache : 60 %, cinsault : 35 %, syrah : 5 %) bénéficie d'un trai-

tement spécifique : dès réception en cave, les baies sont refroidies à 9-10° avant macération pelliculaire adaptée, et seront ensuite pressées selon les méthodes champenoises ; seuls les premiers jus seront sélectionnés pour son élaboration. Enfin, le dernier né *2 S des Marres*, cuvée confidentielle (50 hectolitres) dont le nom signifie peut-être « Sélection Secrète », est un assemblage des meilleurs jus de la cave. Tous ces vins sont élaborés en partenariat avec l'œnologue Richard Bertin qui œuvre depuis 20 ans à la conception des meilleurs rosés de Provence.

En quelques années seulement, Château des Marres est parvenu à se glisser parmi les ténors de l'appellation ; sa clientèle débordant largement les frontières s'étend désormais jusqu'aux États-Unis.

CHÂTEAU MENTONE

Le troisième millénaire s'est ouvert avec la renaissance de l'un des plus anciens domaines de Provence, dont les terres livrent encore les vestiges d'une nécropole gallo-romaine, et d'une activité viticole. C'est en 1033 qu'apparaît pour la première fois le nom de Château Mentone, lors de sa donation au clergé par la famille de Chateaurenard, seigneur d'Entrecasteaux. Trois grandes dynasties provençales s'y succédèrent ensuite : de Castellane, puis Bovis, et enfin de Gasquet, dont l'ancêtre, Charles, a développé le vignoble à partir de 1849. Il créera ensuite la superbe cave voûtée de briques qui accueille désormais le visiteur et abrite le cuvier ultramoderne.

À priori, rien ne prédestinait l'actuelle propriétaire à sa soudaine vocation vigneronne. Durant quinze ans, elle fut en effet chargée de relations publiques, d'abord aux côtés de son père Roger Caille – fondateur du groupe « Jet Services » – puis à l'agence « Manganèse » créée en 1997.

Suivant l'exemple paternel qui acquiert en 2002 Château l'Arrosée (grand nom de Saint-Émilion), Marie-Pierre Caille reprend l'année suivante cette propriété jusqu'alors occupée par les descendants des Gasquet, pour fédérer leur nouvelle passion. Première urgence : le château, longtemps négligé, qui abrite désormais sous sa noble patine un confort aussi luxueux que discret (spa, hammam, jacuzzi intégrés à l'ancienne cave voûtée ouverte en rez-de-jardin). L'étonnante chapelle en étage, dédiée à Saint-Lambert, côtoie cinq délicieuses chambres d'hôtes. Une lumineuse salle de réception de 250 m^2 prolongée par son immense terrasse ouverte sur les vignes et collines, s'inscrit dans l'ancienne magnanerie au-dessus du caveau de dégustation. Après restauration, la bergerie et la ferme augmenteront sensiblement le potentiel d'hébergement.

Alentour, fontaines, bassins, ancien lavoir et potager se cachent sous de grandioses alignements de platanes. L'ensemble s'étend sur 170 hectares,

dont 27 consacrés à la vigne, dont les rendements sont limités à 35 hectolitres par hectare. Situées dans la partie septentrionale de l'appellation, au climat à forte amplitude thermique, ces vignes permettent une récolte tardive, à parfaite maturité. Traitées en biodynamie, elles reposent sur un sol calcaire perméable et caillouteux. La vendange manuelle sera foulée et encuvée par gravité, puis vinifiée traditionnellement à l'aide d'un matériel d'avant-garde.

La cuvée du château se décline dans les trois couleurs. Blancs (clairette : 80 %, rolle : 20 %) et rosés (syrah, cinsault, carignan, grenache) sont obtenus par macération préfermentaire et pressurage pneumatique, puis fermentent sans levurage durant 40 jours à basse température, avant élevage de 6 mois sur lies fines. Les rouges (syrah : 50 %, grenache et carignan : 25 %)

macèrent en cuves à pigeage et sont élevés en foud-res durant 18 mois. La cuvée *Excellence*, uniquement en rouge, comprend le même assemblage, issu des plus anciens cépages (syrahs trentenaires, grenaches cinquantenaires, et carignans de 70 ans !). Elle sera élevée 2 ans en foudres de 45 hectos, puis un an en bouteille.

Château Mentone s'inscrit dans un périple haut varois qui comprend le château voisin d'Entrecasteaux (où vécut Madame de Sévigné), les faïenceries de Salernes, puis le lac de Sainte-Croix et les gorges du Verdon. Diverses animations cultu-relles s'y déroulent en saison, et prévoient l'accueil d'artistes en résidence. Autant d'attraits qui motivent également la découverte de ses vins…

CHÂTEAU
MINUTY

Au XVIIe siècle, la famille Germondi, à la tête d'un vignoble réparti sur 2000 hectares de la presqu'île tropézienne, considérait Château Minuty comme son fleuron. Elle s'y maintint durant deux siècles, construisant sous Napoléon III le château et la chapelle aux côtés de la ferme d'origine, toujours présente. En 1936, le domaine qui ne comprend plus que 17 hectares de vignes est acquis par Gabriel Farnet. Ce descendant d'une très ancienne lignée vigneronne établie à Vidauban (domaine de Châteauneuf) remanie alors entièrement le vignoble, et crée son propre chai de vinification, rendant ainsi à Château Minuty sa splendeur d'antan.

Lorsque sa fille Monique épouse Étienne Matton, notaire à Paris, ce dernier abandonne son étude pour assurer la succession du domaine. Le néophyte éclairé replante alors les meilleurs cépages provençaux, limite leurs rendements et conduit une vinification exigeante. Il crée ainsi une émulation parmi ses pairs de l'association des Crus Classés de Provence, qui le hisseront longtemps à leur présidence.

Leurs deux fils, Jean-Étienne le gestionnaire et François l'œnologue, se sont à leur tour totalement investis : ils ont, au fil des ans, porté le domaine à 80 hectares de vignes en coteaux, sur un sol micaschisteux, dominant le golfe. Pour sauvegarder l'esprit du vin tropézien, ils y font la part belle au rosé (70 % de la production) et à son cépage local de prédilection : le tibouren, qui sera surgreffé. Le cabernet-sauvignon est délaissé au profit du mourvèdre qui côtoie quelques vieux grenaches plantés par l'ancêtre. Priorité est donnée aux soins du vignoble : culture raisonnée, bannissant herbicides et pesticides, sols travaillés jusqu'en juin, ébourgeonnage et vendanges en vert pour maintenir les rendements à 35 hectolitres par hectare pour les rouges, et à 45 pour les rosés. Les raisins, en parfait état sanitaire grâce au climat maritime, sont vendangés manuellement à maturité, à partir du 20 août.

Les caves disposent du matériel technologique de pointe, notamment d'une machine installée après l'égrappoir, qui diffuse du gaz carbonique

à -80°C, empêchant toute oxydation afin de sauvegarder les arômes. La vinification traditionnelle, avec foulage et égrappage total, intègre la phase de macération pelliculaire. Château Minuty propose ainsi deux gammes tricolores. La cuvée de *l'Oratoire* comprend un rouge issu de grenache (70 %) et syrah (cuvaison courte 4 à 6 jours avec remontages biquotidiens, séparation des jus de goutte et de presse, élevage en cuves). Le rosé (grenache 50 %, tibouren et cinsault 25 % chacun) et le blanc (rolle et sémillon à parité) sont vinifiés et élevés à l'identique (débourbage d'une nuit à 15°, fermentation malolactique bloquée, conservation en cuves inox). La cuvée *Prestige* propose un rouge issu de mourvèdre à 90 %, et de vieux grenaches. La cuvaison s'effectue en deux étapes d'un mois au total, avant élevage en barriques de chêne vosgien (1/3 neuves) durant 18 mois, suivi d'un collage au blanc d'œuf. Le rosé *Prestige* (grenache 90 %, tibouren) macère 3 à 4 heures avant pressurage léger, débourbage à 15°

pendant 24 heures, fermentation alcoolique de 14 jours et blocage de la phase malolactique. La cuvée *Prestige blanc de blancs* (sémillon et rolle à parité, récoltés en légère surmaturité) vinifiée comme le rosé, passe en barriques durant la fermentation alcoolique. Elle sera élevée 10 mois en barriques renouvelées par tiers, avant collage léger et mise en bouteilles en août.

À travers la renommée de ses vins, Château Minuty perpétue avec éclat la renaissance initiée par le grand-père des actuels propriétaires. À leur tour, ceux-ci rêvent de voir leurs propres enfants poursuivre l'aventure. Témoignage de cette fidélité familiale : ils sont les derniers à conserver la bouteille provençale dessinée par leur mère, qui appartient désormais à notre patrimoine.

CHÂTEAU MIRAVAL

Joyau de la Provence Verte, le domaine se niche au cœur d'une vallée idyllique parsemée de sources et cernée de collines boisées. À proximité de la voie Aurélienne, pareil site ne pouvait échapper aux Romains : de nombreux aqueducs et vestiges funéraires témoignent d'une longue occupation. Au fil de l'histoire, il comporta jusqu'à plusieurs milliers d'hectares et dépendit de l'abbaye de Montmajour. Au XVIIIᵉ siècle, il appartint à Joseph Lambot, inventeur du ciment armé (son procédé fut innové ici même pour le soutènement d'un marronnier au tronc évidé, d'arcades de pierre médiévales et pour la création des cuves de vinification, toujours en usage). Le précédent propriétaire Jacques Loussier – célèbre pianiste qui « arrangea » Bach en jazz – y a créé en 1977 un studio d'enregistrement de renommée planétaire.

Château Miraval s'étend aujourd'hui sur 500 hectares qui abritent le château XVIIᵉ, sa chapelle et son élégant pigeonnier entourés de nombreuses dépendances (magnanerie, chais). Un parc peuplé de statues et un vaste étang ajoutent à l'irrésistible séduction des lieux. Le vignoble de 32 hectares, en A.O.C. Côtes de Provence et en A.O.C. Coteaux Varois, repose sur des kilomètres de restanques, entièrement restaurées à l'ancienne. Situé à 350 mètres d'altitude, sur un sol argilo-calcaire, il jouit d'un climat semi-continental, et sera vendangé la troisième semaine de septembre.

La famille de l'Américain Tom Bove acquiert le domaine en 1992 et s'en éprend au point d'y vivre désormais à plein temps. Depuis lors, il n'a cessé d'investir en matériel de pointe, tant pour la vigne que pour la cave, et s'est assuré les services de l'œnologue Emmanuel Gaujal, vinificateur innovant des grands blancs issus de rolle.

La culture est entièrement biologique, et les vendanges en vert maintiennent des rendements très serrés. Le raisin, sélectionné lors de la cueillette manuelle, sera une nouvelle fois trié en cave, puis encuvé et traité suivant des procédés à la fois de grande tradition et de technologie de pointe.

Le château propose les 3 couleurs de l'A.O.C. Côtes de Provence et uniquement un blanc en Coteaux Varois. Son blanc issu de rolle en légère surmaturité (rendements 30 hectos/hectare) fermente un mois à 16°. Quinze pour cent de la récolte vieillit ensuite en barriques de chêne durant 4 mois ; un très léger filtrage précède la mise en bouteilles. Robe jaune pâle aux reflets verts, nez intense de fleurs blanches (aubépine), bouche ample, grasse et longue. Le rosé, issu de vieilles vignes de cinsault avec une pointe de grenache, est

produit par saignée et reçoit la même vinification que le blanc. Robe pâle et brillante, nez épicé de fruits exotiques, bouche équilibrée et minérale. Le rouge, assemblage de syrah (40 %) grenache (idem) et cabernet-sauvignon, aux rendements de 35 hectos/hectare, est entièrement éraflé, macère avec deux remontages par jour, et sera élevé pour partie en barriques de chêne neuf, durant 6 à 9 mois. Robe grenat soutenu et arômes intenses de sous-bois et d'épices ; bouche puissante, structurée et pleine. Pour l'anecdote, hélas !, deux cuvées confidentielles – blanc *Lady Jane* issu de rolle et rouge *Natouchka* de syrah – au très long potentiel de garde, ne sont produites que dans les millésimes d'exception.

Au fil des siècles, d'illustres personnages (saint Thomas d'Aquin, le roi René) ont fait étape sur ce site enchanteur. Château Miraval n'est hélas pas ouvert au public, mais ses vins en évoquent parfaitement l'esprit et la distinction.

DOMAINES OTT

La saga de la famille Ott mérite d'être contée car elle s'étend sur plus d'un siècle de l'histoire viticole provençale, perpétuant plus que jamais l'esprit de son fondateur.

C'est en effet à la fin du XIXᵉ siècle que Marcel Ott, ingénieur agronome d'origine alsacienne, part en quête d'un domaine viticole, sans a priori régional. Une propriété en fermage l'attire à Cavalaire en 1896. Il y fera ses premières armes, avant d'acquérir en 1912 le Château de Selle à Taradeau où ne poussaient alors que l'olivier, la lavande et le mûrier. En créant son premier vignoble, ce pionnier y inscrivait déjà sa philosophie visionnaire, énoncée en trois points : le respect scrupuleux de la nature d'abord, impliquant fumures organiques, fermentation naturelle des jus, conservation en fûts de chêne. Exigence de qualité ensuite avec plantation de cépages nobles et maîtrise de leurs rendements, à l'opposé des pratiques de l'époque, plutôt soucieuses de quantité. Création d'un authentique rosé enfin, qui deviendra le mythique « cœur de grain ».

À l'issue de la Première Guerre mondiale, Marcel Ott se voit confier en gérance le Clos Mireille, propriété d'un ami située en bord de mer à la Londe-les-Maures. Aidé de son fils André, il replante entièrement le vignoble, avant de l'acquérir en 1936. C'est ici que deux ans plus tard naîtra la première cuvée blanc de blancs. Décidant ensuite de commercialiser lui-même ses vins, il installe son fils René – créateur de la bouteille Ott aux lignes d'amphore, puis de son étiquette en spirale – au siège commercial d'Antibes.

La fin de la Seconde Guerre mondiale marque une nouvelle étape. Durant l'occupation allemande, le clos Mireille étant réquisitionné, la famille avait dû se réfugier au Château de Selle, laissant durant quatre ans les vignes à l'abandon. Entouré de ses fils André, Étienne et René, Marcel Ott entreprend la remise en état de tout son vignoble.

1956 voit l'arrivée d'une troisième génération de vignerons dans la famille Ott. Jean-Daniel prend en charge Château Romassan, nouvellement acquis sur le terroir de Bandol (voir notre ouvrage *Les Vins de Bandol*, même collection). Henri s'installe au Clos Mireille, Rémi au Château de Selle, tandis que Jean-Gabriel, Olivier et Roger se partagent l'activité commerciale en pleine expansion. La direction générale sera assurée par Jean-Jacques Ott.

Avec le nouveau millénaire, c'est la quatrième génération au célèbre patronyme qui trouve ses marques dans l'entreprise : Christian succède à son père Henri au Clos Mireille, après ses études et un stage très formateur à Haut-Brion. Jean-François prend la tête du Château de Selle à l'issue d'expériences commerciales extérieures. Marion, fille de Jean-Jacques, initialement destinée au tourisme, est passée à la direction générale et coordonne la communication de l'ensemble.

Après avoir assuré partout sa relève, la famille Ott s'est rapprochée en 2004 de la grande marque champenoise Louis Roederer, afin de pérenniser et d'étendre encore la renommée de son patronyme à l'étoile qui indique toujours le firmament…

CLOS MIREILLE

L'élégante bastide XVIIIᵉ, environnée de gigantesques palmiers, s'étend au cœur d'un domaine de 170 hectares, disposant d'une large façade sur le littoral, à proximité du fort de Brégançon. Marcel Ott l'acquiert en 1936, et s'empresse de remodeler le terroir pour y replanter les cépages nobles provençaux. Deux ans plus tard, il y crée son légendaire blanc de blancs qui était alors… un vin pétillant !

Le vignoble qui comprend aujourd'hui une cinquantaine d'hectares repose sur un sol rocheux datant de l'ère primaire, composé de schiste et

d'argile, mais dépourvu de calcaire. Il bénéficie d'un ensoleillement optimal (3 000 heures par an) tempéré par les embruns et les brises maritimes. Les vignes, âgées en moyenne d'une vingtaine d'années, sont maintenues par ébourgeonnage à des rendements proches de 35 hectolitres par hectare. Elles sont entièrement palissées et taillées court (deux sarments) pour optimiser l'aération et l'ensoleillement des baies, et amendées en engrais minéraux et compost. Les vendanges entièrement manuelles permettent un tri rigoureux des raisins qui sont à nouveau sélectionnés lors de l'arrivée en cave.

Blanc et rosés sont vinifiés à l'identique. Les raisins, maintenus à la température de 17°, sont d'abord délicatement foulés, pour éclater les grains sans les écraser. Le pressurage, très doux, est limité à deux kilos de pression. Après réfrigération d'une nuit (14 à 17°), les jus effectuent leur fermentation alcoolique durant 8 jours (en cuves pour les rosés, et foudres de chêne pour les blancs). Après débourbage et soutirage, les lies les plus fines sont conservées ;

fermentation malolactique à 19° avant nouveau soutirage en novembre. Les vins sont collés à la gélatine et légèrement filtrés avant mise en bouteille au printemps, où ils seront élevés durant un an.

Le rosé *Cœur de grain* du Clos Mireille est issu de grenache (40 %), cinsault (35 %) et syrah. Dans sa robe très pâle et brillante, il offre un nez gourmand aux arômes de fraise et de melon, et une bouche ronde et ample avec beaucoup de gras. Le *blanc de blancs* (sémillon, ugni blanc et rolle) à la robe jaune pâle aux reflets verts, développe un bouquet complexe de fruits blancs, d'épices et de fleurs sauvages, ainsi qu'une bouche souple, élégante et de grande longueur. L'œnologue bordelais Denis Dubourdieu, « pape des blancs », participe chaque année à sa création.

De gigantesques travaux en voie d'achèvement offriront bientôt douze chambres d'hôtes pour accueillir une fidèle clientèle accourue de tous les continents.

CHÂTEAU DE SELLE

Premier des domaines acquis par Marcel Ott, en 1912, Château de Selle constitue le point d'ancrage de la légende au patronyme étoilé. La majestueuse bastide du XVIIIe siècle, ancienne demeure des comtes de Provence autrefois entourée de mûriers, lavandes et oliviers, trône aujourd'hui au cœur de 140 hectares situés à 250 mètres d'altitude. L'ensoleillement y est généreux et les saisons franchement marquées. Le vignoble comprend 64 hectares patiemment conquis sur la roche au fil du siècle écoulé. Le sol est constitué d'argile rouge, gypse, dolomies, calcaire, conglomérat et grès. Les cailloux, en proportion importante, sont concassés puis réintroduits dans le sol afin de rendre l'argile moins compacte. Cette terre aride mais riche en éléments minéraux est un gage essentiel de qualité pour les vins.

C'est sur ces terres que Marcel Ott mit d'abord en pratique ses principes visionnaires : respect intégral de la nature, création de grands vins provençaux à partir de cépages nobles et d'un authentique vin rosé : ce sera le fameux *Cœur de grain*, emblème de la maison.

À la tête du domaine, Jean-François Ott pérennise fidèlement cet esprit tant à la vigne (travail mécanique de la terre, fumure organique, palissage)

que dans les caves (fermentation des jus naturelle et complète, long élevage en foudres de chêne pour les rouges). Les vendanges sont entièrement manuelles.

Le rosé *Cœur de grain* du Château de Selle est issu de grenache, cinsault, cabernet-sauvignon et syrah. Vinifié comme son homologue du Clos Mireille, il sera toutefois – seule différence – clarifié 3 semaines dans le bois. Son nez végétal (genêt) et fruité (abricot), sa bouche onctueuse et équilibrée le destinent à la gastronomie. Le rouge *Comte de Provence* (cabernet-sauvignon majoritaire, puis grenache et cinsault) est vinifié traditionnellement dans de larges cuves pour augmenter la surface du chapeau. La macération peut durer 5 à 15 jours, à 30° maximum. Après tirage des vins de goutte, le

jus de presse pourra y être assemblé à hauteur de 5 à 10 %. Élevage de 12 à 18 mois en foudres de chêne, collage au blanc d'œuf. Il développe des arômes de cerise noire et de pruneau, avec une bouche franche et équilibrée à la finale veloutée. Le rouge *Longue garde*, réservé aux grands millésimes, est issu des mêmes cépages provenant de parcelles sélectionnées ; ses temps de macération et d'élevage seront prolongés. C'est un vin de longue garde, puissant et généreux, aux arômes de cacao et vanille très persistants en bouche.

Un siècle après sa création, le berceau familial perpétue sa légende, dans une osmose de tradition, modernité et élégance.

Château
Pas-du-Cerf

De mémoire provençale, François Ier séjourna en 1533 sur le littoral pour célébrer le mariage de son fils Henri II avec Catherine de Médicis. Invité par le châtelain d'Hyères à une chasse à courre sur ces terres, notre bon roi fut amené à poursuivre un cervidé au pas en raison du relief escarpé. Un très grand cerf fut tué ici même. En hommage à ce royal trophée, les habitants dénommèrent ce lieu « Pas-du-Cerf ».

L'orientation viticole du domaine remonte à 1848, date des premières vendanges effectuées par l'ancêtre Bonaventure Martin, qui régnait alors sur 8 hectares de vignes. Depuis cette époque, le vignoble s'est toujours transmis par les femmes, et Geneviève Gualtieri, l'actuelle propriétaire, en représente la septième génération. C'est son père,

Marcel Martin, qui acheta en 1954 l'immense domaine forestier voisin, portant ainsi la propriété à plus de 700 hectares d'une nature sauvage, paradis des chevreuils. Le vignoble y couvre 80 hectares de coteaux orientés plein sud, aux sols exclusivement schisteux.

Longtemps présidente de la cave coopérative de la Londe, également très investie pour la reconnaissance du terroir londais, madame Gualtieri décide à la fin du siècle dernier d'élaborer son propre vin. Sa cave sera créée en 2000 : semi-enterrée à 7 mètres de profondeur, elle reçoit ainsi la vendange par gravité, et se trouve naturellement climatisée. Deux pressoirs pneumatiques et une batterie de cuves thermorégulées y sont installés aux côtés d'un chai à barriques. Patrick Gualtieri, le mari, se charge du vignoble entièrement palissé, y instaurant une culture raisonnée avec labours, ébourgeonnage, vendanges vertes, et cueillette manuelle distinguant les parcelles.

La première vinification du domaine vit le jour dès 2001 ; elle se décline désormais en quatre cuvées dont trois tricolores. *Diane*, révélatrice du terroir, est issue des plus jeunes vignes et porte le prénom de la seconde fille des propriétaires, œnologue diplômée qui dirige le travail en cave. *Pas du Cerf*, leader de la propriété, présente un heureux équilibre entre gras et rondeur. La cuvée prestige est baptisée *Rocher des Croix*, point culminant du domaine parfaitement révélateur de son terroir schisteux. Le rouge (cuvaison un mois, pigeage, sélection des jus, élevages en fûts pendant 6 mois) est issu de grenache, syrah et mourvèdre. Rosé (grenache : 95 %, et tibouren) et blanc pur rolle sont vinifiés à l'identique avec macération pelliculaire de 24 heures, fermentation alcoolique à basse température, et sélection des jus de goutte. Enfin la cuvée élite de grande garde, exclusivement rouge, est baptisée

Marlise en hommage aux aïeux Marcel et Élise, pour leur travail opiniâtre sur ces terres. Issue des plus anciennes parcelles sélectionnées de syrah (70 %), grenache (30%), elle est élevée en barriques neuves de l'Allier pendant 12 mois, avec pigeage, remontage, et éventuel collage au blanc d'œuf.

Régulièrement constellés lors des plus grands concours, les vins de Château Pas-du-Cerf ne cessent d'étendre leur renommée hors frontières grâce à l'enthousiasme d'Aurore, l'aînée des filles Gualtieri, également investie dans le domaine (seule Marion, la cadette, a — provisoirement ? — opté pour l'architecture). Ainsi se perpétue la saga féminine qui, loin de s'éteindre, vient encore d'accueillir deux petites filles, qui constitueront peut-être la neuvième génération de vigneronnes sur ce terroir en-

La cave
La boutique
Le bar "chez Banban"
Les antiquités "chez Lili"
Les bureaux

Les antiquités
"Chez Lili"

CHÂTEAU PEYRASSOL

Ce site prédestiné ne pouvait échapper aux Romains, qui furent les premiers à y cultiver la vigne. Un temple païen d'époque ligure y fut érigé qui laissa place, sous le règne de Charlemagne, à une chapelle dédiée à saint Pierre. Un document d'archives daté de 1204 atteste l'appartenance de la Commanderie de Peyrassol à l'ordre des Templiers et en confirme la vocation viticole. Après l'arrestation massive de ses membres par Philippe le Bel, Peyrassol échoit à l'ordre des Chevaliers de Malte, qui le conserveront jusqu'à la Révolution. En 1790, devenu possession d'État, le domaine est acquis par la famille Rigord qui s'y établit jusqu'à la fin du millénaire. Durant ces deux siècles, la gestion en est assurée par les dames de Peyrassol. Dernière figure de cette lignée, Françoise Rigord est à l'origine de la refondation et de l'essor du vignoble, à partir de 1977.

En 2001, Philippe Austruy, entrepreneur dans le domaine de la santé, prend possession des lieux dont il perpétue et accroît le faste, donnant à ces pierres si riches d'histoire un éclat contemporain à travers l'art et l'architecture. Véritable musée à ciel ouvert (sculptures géantes d'Arman, César, Venet),

Peyrassol est remanié par le designer Alain Perrier et pourvu d'un matériel de pointe. Les caves voûtées du XIIIe siècle côtoient ainsi une batterie de cuves inox à troncs coniques, symbiose parfaite entre tradition et modernité.

En 2003, Alban Cacaret, neveu du propriétaire et pharmacien de formation, s'intègre à la direction du vignoble. Conseillé par l'œnologue Elphège Bailly, il entreprend le renouvellement harmonieux du vignoble, élève la densité des plants à 5000 par hectare, et installe quelques cépages expérimentaux.

Établie en cirque gigantesque, à 300 mètres d'altitude face au massif des Maures, la propriété offre 80 hectares de vignes entourées par 600 hectares de forêts, sous un climat semi-continental. Le sol, très caillouteux, constitué de calcaires dolomitiques alternant avec des marnes, repose sur une roche-mère triasique. Déjà limités par l'aridité, les rendements sont maîtrisés également par les soins des vignerons. Les vendanges sont effectuées à la main, avant un tri soigneux et une réception du

raisin par gravité. Deux cuvées de renom sont élaborées dans la tradition :

• *la Commanderie de Peyrassol*, recherchant la fraîcheur et le fruit, est issue de vignes d'une trentaine d'années. Les rouges (cabernet-sauvignon, grenache, syrah) macèrent durant 3 semaines en cuves inox ; les rosés (grenache, cinsault, syrah) et les blancs (rolle, sémillon, ugni blanc) reçoivent une macération pelliculaire ;

• *le Château Peyrassol*, excellence du domaine, est issu de vignes cinquantenaires à faible rendement (30 hectos/hectare). Les rouges (cabernet-sauvignon, syrah, grenache) soigneusement foulés, reçoivent macération et fermentation longues, puis sont élevés de 12 à 18 mois en fûts de chêne, dans les caves anciennes. Les rosés (cinsault, grenache) passent en macération pelliculaire à froid durant quelques heures

par cépages séparés, puis fermentent et sont élevés en cuves inox, jusqu'en mars. Les blancs (clairette, rolle et sémillon) macèrent longuement à froid, puis sont élevés durant 5 mois en fûts de chêne, avec bâtonnages quotidiens sur lies fines.

Hormis la découverte de ses vins, Château Peyrassol propose également de magnifiques salles de réception, et un domaine de chasse entièrement clos, où l'on peut (sur demande) observer le grand gibier. Expositions d'art plastique et concerts ponctuent également les saisons. Le domaine possède en outre une vitrine parisienne : le bisrot *Un jour à Peyrassol* (13 rue Vivienne, Paris 2e), bar à truffe, où vous accueille Mme Cacaret, mère d'Alban, pour une dégustation « œnologique » de ses crus, accompagnée de plats truffés.

CHÂTEAU DE POURCIEUX

Authentique demeure seigneuriale, le château est véritablement « de » Pourcieux, puisqu'il s'établit au cœur du village homonyme, situé à l'abri des monts Auréliens. Édifié en 1760 par Pierre-Symphorien Pazery de Thorame, conseiller au Parlement de Provence, qui avait acheté la seigneurie de Pourcieux à la veuve du marquis d'Agoult. Il se développe sur trois niveaux de 500 m² chacun, et présente une architecture rarissime en Provence : trois façades nobles, de facture classique, ouvrant respectivement sur la place du village, sur le parc et son allée de platanes encadrant un bassin de pierre, et sur un jardin à la française orienté plein sud. L'ensemble est inscrit à l'inventaire des Monuments historiques.

Au XIXᵉ siècle, Alix Pazery de Thorame épouse Camille d'Espagnet, qui appartient à l'une des plus anciennes familles de Provence : l'un des ancêtres fut viguier à Brignoles en 1519, un autre se mit avec Nostradamus en quête de la pierre philosophale, tel autre encore fut garde du corps du roi Charles X. La lignée compte même des ecclésiastiques béatifiés, martyrs de la Révolution qui avaient refusé de parjurer leur foi.

Aujourd'hui à la tête du domaine, Michel d'Espagnet a succédé à son père pour pérenniser ce haut lieu. Il se découvre alors touché par le virus de la vigne, et entreprend l'indispensable modernisation de la cave, en se pliant aux contraintes architecturales de l'édifice. Un original système de refroidissement est installé : c'est la vendange tout entière qui parcourt les 36 mètres d'un échangeur à refroidissement. Les vignes sont palissées sur trois fils hauts, permettant ainsi la récolte à l'aide d'une

machine à vendanger capable de sélectionner et respecter le fruit.

Le domaine réparti sur 300 hectares en comporte une trentaine de vignes A.O.C. Côtes de provence, dont une partie classée en crue « Sainte-Victoire », sur sol argilo-calcaire. L'ensemble alterne sols pauvres des coteaux où s'épanouit la syrah, sols caillouteux en plaine, et sols profonds près du château. Le vignoble situé à 300 mètres d'altitude, orienté plein sud, produit désormais 1 300 hectolitres de rosé, 60 de rouge et 30 de blanc (le premier millésime de rouge – pure syrah – réalisé en 1985, rafla d'emblée une cascade de prix !). La vendange, totalement égrappée, s'effectue aux aurores ; la vinification traditionnelle procède par séparation des cépages et parcelles ; macération pelliculaire de 5 heures, puis on soutire et l'on presse. Tous les vins sont issus de saignée. L'œnologue Bernadette

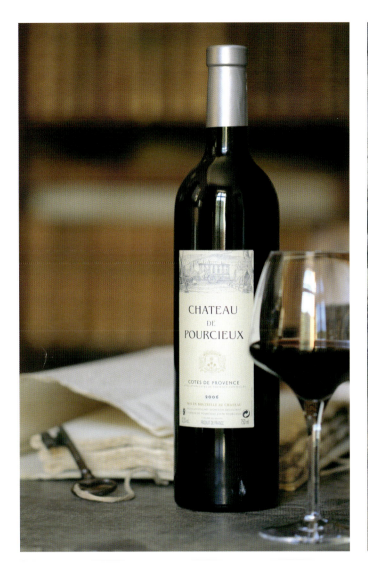

Tourrel, totalement investie, participe également aux assemblages.

Château Pourcieux propose un blanc issu de rolle, élevé en cuve. Le rosé – syrah, grenache et cinsault – fermente trois à quatre semaines à 16° ; sa cuvée *Sainte-Victoire* (assemblage et vinification identiques) sera élevée sur lies fines pendant un mois. Robe fuchsia brillante, nez de petits fruits rouges, bouche franche et pleine au fruité intense. Le rouge – syrah, grenache, cabernet-sauvignon – fermente une quinzaine de jours à 24° avec remontages quotidiens, une partie des jus de presse est associée à la goutte, avant élevage en cuves durant un an minimum. Enfin, « les grands millésimes » engendrent un rouge de syrahs sélectionnées (rendements de 35 hectos/hectare), vinifié à l'identique et élevé en barriques durant deux ans. Robe grenat foncé,

nez de cassis et de mûres, bouche franche aux tanins puissants prometteurs d'une longue garde.

Michel d'Espagnet perpétue en famille la riche histoire attachée au château : comme ses lointains ancêtres, son épouse appartient à la magistrature aixoise ; son fils est impatient de l'assister au domaine, et sa fille s'entraîne à sillonner les marchés du monde pour y maintenir la renommée des vins du château, principalement exportés.

CHÂTEAU RASQUE

Aux côtés de vignobles ancestraux, Château Rasque constitue une alternative d'excellence, atteinte en tout juste un quart de siècle.

Amateur d'art et de grands vins, Monique et Gérard Biancone acquièrent en 1983 les bois de Rasque (propriété de la famille Rasque au XVIe siècle, notaire à Draguignan) où ne subsistaient que quelques plants de vieilles vignes. Le domaine de 100 hectares est situé sur les derniers plissements alpins, à 260 mètres d'altitude, sur un sol argilo-calcaire parfaitement drainé, très caillouteux. L'encépagement traditionnel est alors réalisé selon l'exposition des parcelles, orientées plein sud, et s'appuie sur les dernières découvertes en œnologie. Les chais reçoivent l'équipement dernier cri : groupe de froid sur chaque cuve, pressoir pneumatique et

climatisation généralisée. Le sol est traité en culture raisonnée, sans adjonction chimique, pour sauvegarder l'intégrité des vins.

En parallèle, le propriétaire, grand bâtisseur de métier, dessine et édifie lui-même cette élégante bastide privée, aux influences Renaissance provençale, flanquée d'une émouvante chapelle qui semble avoir affronté les siècles. La partie annexe, réservée aux activités professionnelles, est traitée à l'identique, dans l'élégance des proportions. Destinée aux grandes manifestations, fréquentes sur le lieu, une magnifique salle de réception de 300 m² souligne l'ensemble, encadré d'oliviers. Toute la décoration est ordonnée par la maîtresse des lieux, elle-même d'ascendance vigneronne. L'ensemble est parsemé d'œuvres plastiques signées de grands artistes régionaux (Novaro, Tosello, Briffaud). L'adresse est légitimement affiliée au club « Var Prestige ».

Le vignoble entièrement A.O.C. couvre aujourd'hui 30 hectares sur les terres de Rasque, et autant sur d'autres communes de l'appellation. Il produit 50 % de rosés, 30 % de rouges et 20 % de blancs, sous la vigilance de l'œnologue François Malle. Les rendements moyens ne dépassent pas 40 hectolitres/hectare.

Reconnaissables à leurs bouteilles satinées, les vins de Rasque présentent un blanc de blancs 100 % rolle qui macère pendant 6 à 8 heures avant fermentation à basse température de 8 à 10 jours. Le rosé cuvée *Alexandra*, moitié grenache moitié cinsault, est vinifié à l'identique. Le rouge *Pièce Noble* (syrah : 60 %, grenache : 40 %), vinifié traditionnellement pendant 25 à 30 jours, vieillit 8 mois en cuves acier, puis 12 mois en foudres de chêne. La cuvée tricolore *Clos de Madame* est née en 2000

avec le rouge (syrah : 80 %, grenache : 20 %) qui se distingue de la *Pièce Noble* par sa vinification (pigeage manuel sur cuve bois ouverte) et son vieillissement prolongé jusqu'à 18 mois. Nez intense de petits fruits rouges, bouche gourmande aux tanins subtiles, finale de petits fruits confiturés. Le blanc créé en 2006, issu de rolle, est vendangé à surmaturité pour intensifier les arômes de fleurs blanches légèrement iodés. Dernier né en 2007, le rosé présente un assemblage original (syrah et rolle) exprimant des arômes de fraise écrasée et des notes d'agrumes. La nouvelle génération Biancone poursuit l'œuvre entamée avec la même passion. Sophie, l'initiatrice, diplômée d'œnologie et experte en communication, assure la gestion du domaine et les relations publiques, tout en s'impliquant dans les recherches en cave. La voie est ainsi ouverte pour la fratrie…

123

Château Réal Mantin

CHÂTEAU RÉAL MARTIN

Pour sa situation, son étendue et sa riche vocation agricole, le domaine fut longuement convoité au fil des siècles. Au Moyen Âge, les Chateaurenard, seigneurs du village, en firent don à l'abbaye de Montmajour. Longtemps agrégé à son « voisin d'en face », Château Miraval, il appartint également aux comtes de Provence, résidents du bourg, tout près de Brignoles. Plus récemment, le château fut occupé par le sieur Mattei, maire du Val et ancien homme de confiance du bey de Tunis.

Construit au XVIe siècle, profondément remanié ensuite, ce château trône désormais au cœur d'un domaine de 218 hectares, comprenant 40 hectares de vigne (dont 37 en A.O.C. Côtes de Provence) et parsemé de 7000 oliviers. Le vignoble, véritable écrin de la bastide, offre un potentiel engageant,

qu'il révèle, sous l'égide du nouveau propriétaire, lorsqu'après une première quête en Bordelais, Jean-Marie Paul l'acquiert en 2001. À la tête d'un consortium de restauration-hôtellerie, cet amateur de grands vins entend bien produire les siens sur ce terroir prometteur, et créer immédiatement l'outil répondant à cette ambition (cave, chai à barriques, pressoir pneumatique, cuverie inox). Le château, totalement restauré, retrouve son lustre dans un esprit contemporain, et le caveau de dégustation est installé… dans une ancienne basse-cour, coiffée de son pigeonnier.

Les vignes, distribuées en restanques, reposent sur un sol argilo-calcaire caillouteux disposant de sources abondantes ; situées à 400 mètres d'altitude, sous un climat continental, elles autorisent des vendanges tardives, de septembre à novembre. Le travail s'effectue en culture raisonnée, avec désherbage à la pioche et engrais organiques. La cueillette manuelle, puis totalement égrappée, parvient en

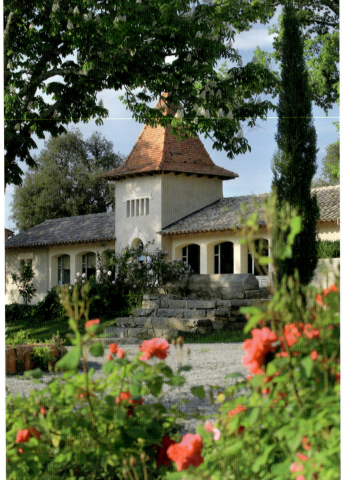

cave par gravité. Régulièrement régénérées en cépages nobles, ces vignes conservent de très anciens pieds d'ugni blanc et rolle. La production atteint aujourd'hui 200 000 bouteilles, dont 60 % de rosés, 30 % de rouges et 10 % de blancs de blancs, que l'un des fils présente à l'ensemble du continent américain.

La cuvée *Château Réal-Martin* propose un blanc de blancs issu à parité d'ugni blanc et de rolle, vendangé à maturité extrême (pressurage direct ; thermorégulation). Le rosé de saignée est composé de cinsault, grenache, syrah, et passe en macération pelliculaire à froid durant 12 heures. Le rouge (syrah majoritaire, puis carignan, grenache et mourvèdre) est vinifié par cépages séparés, fermentation longue et élevage en cuve. La cuvée *Optimum*, par ailleurs, offre un blanc de blancs issu de rolle (80 %) et ugni blanc, provenant des

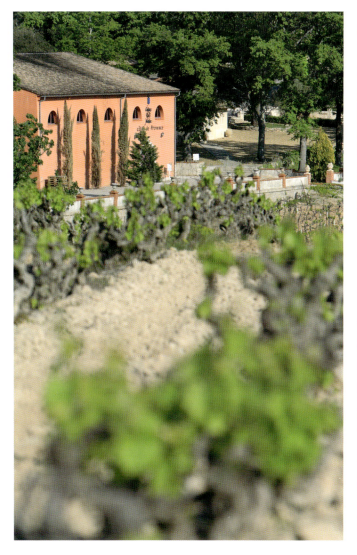

plus anciennes vignes, élevé sur lies en barriques, avec bâtonnage. L'*Optimum* rouge, à base de syrah (80 %) et de grenache vinifiés séparément et provenant de vignes cinquantenaires aux rendements inférieurs à 35 hectos/hectare, vieillira en fûts de chêne 12 à 16 mois. Ces vins ne sont ni collés, ni filtrés.

À l'image des grands crus bordelais, Réal-Martin propose un « deuxième vin » rouge baptisé *Domaine Real Vintage Rouge* et rosé *Perle de Rosé*. Ces deux cuvées sont assemblées à l'identique de la version *Château*, mais issues de plus jeunes vignes. Orientées sur la fraîcheur et le fruit, elles pourront être dégustées plus précocement.

Renouant enfin avec son riche passé, Château Réal Martin entame ce nouveau millénaire avec éclat, face à la silhouette du mont Bessillon qui se détache au-dessus de ses terres, comme pour lui accorder son immuable protection.

CHÂTEAU RÊVA

Âme bien née sous cette nouvelle enseigne, Château Rêva n'a pas attendu le nombre des années pour affirmer sa valeur. L'ancien Château Clastron – et ses deux siècles d'histoire vigneronne peu à peu délaissée – renaît avec éclat sous l'impulsion de Patrice et Isabelle Maillard. Ce jeune couple helvète s'y installe en octobre 2004 et rebaptise la majestueuse propriété d'un titre évoquant son rêve le plus cher : élaborer ici de grands vins.

Apparemment rien ne semblait destiner Patrice Maillard à ce nouveau challenge : ancien maître d'équitation, il s'était forgé ensuite une renommée dans l'implantation de golfs en Suisse. L'attachement familial pour un mode de vie rural a trouvé son accomplissement sur cette terre prometteuse. Dans l'ordre des urgences, le château

fut d'abord restitué à son élégante sobriété d'origine. Un accueillant caveau de dégustation fut aménagé en annexe, et l'on procéda à la rénovation totale du matériel de cave (groupe de froid, cuves pompes, et table de tri), restaurant avec soin de vieux foudres destinés à l'élevage de grandes cuvées. Enfin, dès leur arrivée, les propriétaires entamèrent le renouvellement du vignoble, en replantant rolle, cabernet-sauvignon, viognier et sémillon.

Château Rêva s'étend désormais sur un domaine de 37 hectares dont 28 de vignes A.O.C., exposées aux quatre points cardinaux et reposant sur trois sols différents (grès permien, tuf calcaire, et coteaux argilo-calcaires). Les sols sont bien drainés par de nombreux filets d'eau et la situation entre rocher de Roquebrune et barre du Rouët crée un couloir de vents avec entrées maritimes, propice à la santé du raisin. L'expérience des anciens est mise en pratique sur la vigne – culture raisonnée, labours et engrais naturels – et les vendanges sont effectuées

entièrement à la main, avec un premier tri à la cueillette et un second en cave. Les rendements ne dépassent pas 40 hectos/hectare, et descendent même à 25 pour les vieux sémillons sur parcelles caillouteuses.

La gamme des vins s'énonce sur le mode musical. La cuvée *Harmony* présente un rosé issu de cinsault (40 %) et de grenache (60 %), et un rouge syrah (60 %) et grenache (40 %). Pour la cuvée *Concerto*, le rosé issu de grenache à 90 % et de cinsault passe en macération pelliculaire, puis fermentation 2 à 3 semaines à 15°, avant élevage en cuve. Le rouge (syrah : 80 %, grenache : 20 %), après une courte macération carbonique, passe en macération longue avec remontages, et élevage partiel en fût. Le seul blanc du château – hélas trop confidentiel –

est issu des sémillons à très petits rendements. Après macération pelliculaire, il fermente 2 à 3 semaines à 15°, puis sera élevé en cuve. Couronnant l'ensemble, le rouge *Chais d'œuvre*, composé de syrah et cabernet-sauvignon, passe en macération traditionnelle longue et sera élevé pour l'essentiel en barriques de chêne neuves, et pour partie en vieux foudres, durant 14 mois.

En quelques années seulement, les nouveaux occupants de Château Rêva sont parvenus à concrétiser leur ambition qui n'avait rien d'utopique, puisque professionnels et clientèle s'accordent sur le succès de leurs vins, déjà plusieurs fois médaillés sur les trois couleurs. Le rêve est devenu réalité.

DOMAINE DE RIMAURESQ

Le nom du domaine trouve son origine dans la contraction de *real mauresque* – rivière des Maures – qualifiant le ruisseau qui le parcourt. Sa tradition viticole remonte à plusieurs siècles, au cours desquels il connut diverses fortunes : il faillit même disparaître après le passage du phylloxéra en 1860. Reconstitué peu après par un généreux tabellion, il connaît une première renaissance et fera partie en 1933 des douze domaines fondateurs de l'association des Propriétaires Vignerons du Var (futur syndicat des Côtes de Provence). Il appartiendra ensuite à la première lignée des crus classés de l'appellation.

Rimauresq était quasiment tombé en déshérence lorsque la famille Wemyss, à la tête d'un groupe écossais d'agroalimentaire, l'acquiert en 1988. Convaincus de son immense potentiel, les nouveaux propriétaires arrachent les 18 hectares de maigres vignes subsistantes, en replantent 35, restaurent la traditionnelle bastide du XIXe siècle, et construisent au fil des ans caves et caveaux dignes de leur ambition en installant cuves inox thermorégulées, pressoir pneumatique et chai à demi-enterré.

La propriété compte aujourd'hui 46 hectares de vignes trentenaires, réparties entre 140 et 190 mètres d'altitude. Exposées au nord-ouest, celles-ci profitent de l'ombre matinale portée par le massif des Maures qui tempère les ardeurs solaires, et par la traversée du mistral qui maintient la salubrité des fruits. Le sol, minéral, acide et pauvre, est constitué sur la partie haute de grès et schistes, et en plaine d'alluvions et de galets roulés.

À la tête du vignoble, le régisseur Pierre Dufort instaure un travail rigoureux tout au long de l'année : labours, désherbage sur le rang, ébourgeonnage, écimage, vendanges en vert. La cueillette à maturité s'effectue tôt le matin pour sauvegarder la fraîcheur du fruit. Distinguant cépages et parcelles, elle parvient

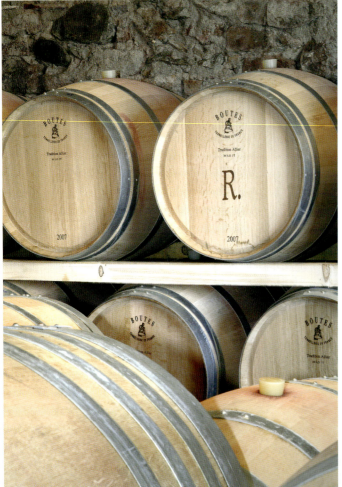

en cave par gravité. Blancs et rosés y macèrent longuement à froid, avant pressurage léger, séparation des jus de presse et de goutte, fermentation à basse température pendant 2 à 3 semaines. Ils seront élevés sur lies – partiellement en bois pour les blancs – avec bâtonnage, fermentation malolactique bloquée. Les vins seront collés et légèrement filtrés avant mise en bouteille. Les rouges, éraflés ou non selon macération (avant fermentation à froid ou carbonique), sont foulés et fermentent longuement avec remontages et délestages. Puis, les vins macèrent sous marc avec pigeage et remontage quotidiens ; jus de presse et de goutte effectueront leur fermentation malolactique. L'élevage s'effectue partie en barriques (225 litres) et demi-muids (600 litres) de chêne français, partie en foudre pendant 10 à 14 mois ; légère filtration avant mise en bouteilles.

Rimauresq présente deux gammes complètes. La première *Classique* est assemblée de rolle (90 %) et ugni blanc pour les blancs ; de cinsault, tibouren, grenache et

syrah pour les rosés, et de cabernet-sauvignon, carignan, syrah et mourvèdre pour les rouges. La seconde, baptisée *R*, fleuron du domaine, provient de ses vieilles vignes (85 % de rolle pour les blancs ; grenache : 70 % pour les rosés ; cabernet-sauvignon à 60 % et syrah pour les rouges).

Sur les lieux mêmes du domaine, Thierry, fils de Clovis, remporta en 517 une victoire décisive sur les Wisigoths. Par reconnaissance à la Vierge, il fit alors ériger une chapelle mérovingienne sur le point culminant de la chaîne des Maures, situé juste au-dessus des vignes. L'actuel sanctuaire de Notre-Dame-des-Anges, qui repose sur ses fondations, semble veiller sur l'éclatante renaissance de Rimauresq, dont les vins sont régulièrement distingués.

CHÂTEAU ROUBINE

Comme pour la plupart des grands terroirs d'élection en Provence, le domaine doit son origine à l'occupation romaine ; il était d'ailleurs traversé par la voie Julienne reliant Fréjus à Riez. Au fil des siècles, il connut ensuite l'hégémonique dynastie des Villeneuve et l'ordre des Templiers qui y édifia une Commanderie, avant de le céder en 1307 à l'Ordre de Saint-Jean-de-Jérusalem. Il accueillit ensuite de grandes familles provençales. Morcelée par la Révolution, cette immense propriété maintient depuis lors sa superficie aux environs de 110 hectares.

C'est en mai 1994 que les jeunes époux Riboud, en quête d'un domaine viticole varois, cèdent aux charmes du lieu. Philippe, grand escrimeur d'épée (6 médailles olympiques et 14 trophées mondiaux !), ambitionne alors de croiser le fer avec l'aristocratie vigneronne. Valérie Rousselle, Tropézienne diplômée de l'École hôtelière de

Lausanne, qui parvenait aux plus lumineux étages du groupe Barrière, s'oriente vers les sombres mystères de la cave avec un enthousiasme débordant qu'elle transmet à l'association des Crus Classés de Provence que Château Roubine symbolise avec éclat. Désormais totalement investie dans cette nouvelle passion elle gère entièrement le domaine avec les conseils de l'œnologue Olivier Nasles.

Château Roubine se blottit au creux de 72 hectares de vignes formant un cirque entouré de forêts de pins et de chênes, et souligné par la rivière Florieye. Le sol argilo-calcaire profite du drainage naturel offert par la convergence de plusieurs ruisseaux (roubine, en provençal). Le vignoble est qualifié en agriculture raisonnée (labours, traitements, engrais organiques), et ses rendements sont inférieurs à 45 hectolitres par hectare. Les vendanges nocturnes permettent de conserver jusqu'en cave la fraîcheur du raisin ; la vinification s'effectue par cépages et parcelles séparés pour les rouges. La

cave est entièrement rénovée (climatisation, pressoirs pneumatiques, nouvelles cuveries) et le traitement des eaux usées contribue au respect de la nature.

Château Roubine produit aujourd'hui 500 000 bouteilles (dont 75 % de rosé) et présente trois gammes en cru classé. La cuvée classique, vinifiée et élevée dans la tradition, est issue de sémillon, ugni blanc et clairette pour les blancs ; syrah, cabernet-sauvignon, grenache et cinsault pour les rouges et les rosés. La cuvée prestige *Terre de Croix* est issue de sémillon pour les blancs (macération pelliculaire, vinification et élevage en barrique sur lies fines avec bâtonnages, durant 4 mois). Les rosés, issus de mourvèdre, sont vinifiés par saignée (macération pelliculaire et débourbage à froid, fermentation alcoolique à 18°, collage et filtrage avant mise en bouteille). Les rouges, issus de cabernet-sauvignon, syrah et grenache provenant des plus anciennes parcelles, éraflés et foulés, passent en cuvaison longue

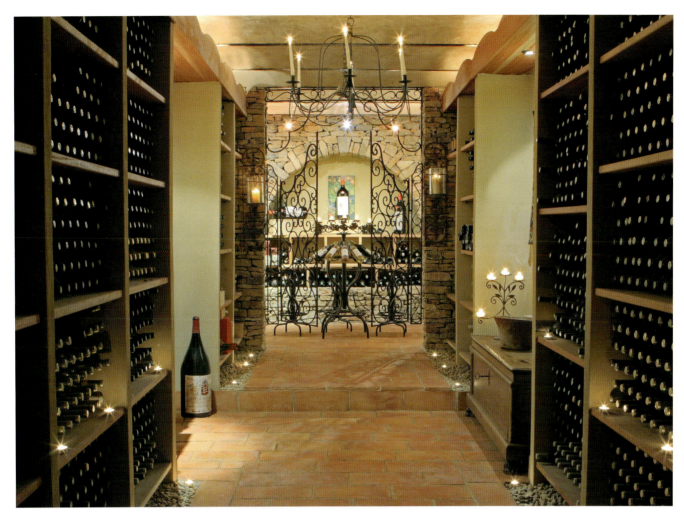

(21 jours), sont élevés 10 à 14 mois en barriques de chêne, puis assemblés en foudres. Ils offrent un très long potentiel de garde. Enfin, la tête de cuvée baptisée *Inspire* est issue des parcelles les plus nobles de sémillon et de rolle pour les blancs (petits rendements ; macération pelliculaire, élevage léger en barriques sur lies fines, avec bâtonnage et ouillage quotidiens). Les rosés, issus de tibouren avec une pointe de grenache, sont vinifiés par saignée. Les rouges, dominés par la syrah associée au grenache et cabernet-sauvignon, vinifiés séparément (cuvaison de 21 jours, élevage d'un an en barrique de chêne) méritent de vieillir et peuvent se garder 10 ans et plus.

Une bastide récemment restaurée au cœur des vignes, à mi-chemin du château et du caveau, abrite quatre chambres d'hôtes et propose des cours d'œnologie et de gastronomie dirigés par de grands chefs locaux, dont les créations épousent idéalement les vins du domaine.

CHÂTEAU DU ROUËT

Ancien relais de diligences, le château s'abrite aux pieds de la Colle-du-Rouët, barre volcanique d'ocre rouge qui culmine à 560 mètres et conserve les vestiges d'un habitat préhistorique ancré dans ses grottes. La vocation des lieux remonte au XVIIIe siècle : le créateur du vignoble, seigneur du Rouët et précepteur de Louis XVI, fit ainsi connaître ses vins à la cour royale.

Après la Révolution, le domaine est acquis par les Bérenguier, famille de magistrats fréjusiens, et sera transmis par les femmes jusqu'aux proprié-taires actuels, cinquième génération de vignerons.

L'un des ancêtres, Lucien Savatier, alors directeur des Forges et Chantiers Navals de La-Seyne-sur-Mer, fut chargé en 1888 de désarmer *la Belle Poule*. (Anecdote historique : cette frégate avait rapatrié les cendres de l'Empereur Bonaparte depuis l'île Sainte-Hélène). Par déférence, il sauva les portes de la cabine-reliquaire qui ornent désormais la chapelle du château. Une cuvée *Belle Poule* rend également hommage à ce vestige.

Les vignes, serties entre les gorges de Pennafort et celles du Blavet, s'étendent sur plus de 70 hectares dans une zone préservée, classée « Natura 2000 ». Entourées d'un patrimoine forestier remarquable (séquoias, cèdres, palmiers et bambous y côtoient les chênes-lièges et pins maritimes), elles sont plantées sur de vastes restanques érigées en pare-feu. Orientées plein sud, elles bénéficient tantôt du mistral, tantôt des brises maritimes en prove-nance de l'estuaire de l'Argens. Plusieurs hectares de cépages nobles sont en cours de plantation. Les

sols, grès rouge de l'époque permienne, volcanique acide (rhyolithe), sont l'archétype du « Terroir Fréjus » pour lequel Martin Savatier s'est tellement investi durant plus de 15 ans, jusqu'à l'obtention de cette reconnaissance. En offrande posthume, son frère Mathieu, désormais seul à la tête du domaine, a créé une cuvée spéciale *Terroir Fréjus*, baptisée « *Forum Julii* ».

Les chais de vinification et d'élevage, situés à l'écart du château, disposent de la dernière technologie. Plusieurs cuvées y sont élaborées, toutes tricolores, en appellation d'origine, et s'ouvrent avec *l'Estérelle* (carignan majoritaire pour les rouges et rosés, ugni blanc majoritaire et rolle pour les blancs). La *Réservée Tradition* se distingue par des rendements plus limités (35 hectos par hectare au lieu de 40) et des rouges et rosés à dominante grenache.

La cuvée *Belle Poule*, fleuron du domaine, est également limitée à 35 hectos/hectare. Les rouges, à dominante syrah et grenache, passent en macération longue (8 à 10 jours) et sont élevés un an en barriques. Les rosés (macération pelliculaire à basse température, premier jus de saignée) sont issus de grenache et syrah. Les blancs proviennent de vieilles vignes (rolle majoritaire, puis ugni blanc et sémillon) ; ils passent en macération pelliculaire, puis fermentent à basse température en barriques neuves.

Enfin, la cuvée *Séverac* honore Martin, l'ancêtre homonyme, vigneron originaire de Saint-Guilhem-le-Désert. L'un de ses fils introduisit ici le cépage alicante non cloné, en provenance des vignes familiales situées à Aniane, dans l'Hérault. Cette cuvée monocépage rouge reçoit une vinification traditionnelle de trois semaines, avec pigeages et remontages. De rendements très maîtrisés (25 hectos/hectare), elle présente une robe très sombre, légèrement violacée et un nez concentré de fruits noirs et de fleurs. En bouche, sa structure tannique intense requiert une longue et profitable garde. Vin atypique destiné aux collectionneurs éclairés, hélas limité à 5000 bouteilles par an.

Le château propose également des chambres d'hôtes très accueillantes, propices à la découverte de cette nature sauvegardée, aux couleurs fascinantes.

DOMAINE
SAINT ANDRÉ
DE FIGUIÈRE

Alain Combard, vigneron autodidacte, a forgé son expérience durant 22 ans en territoire bourguignon. Originaire de Salon-de-Provence, il répond à l'appel du sud en 1992, et cède son domaine chablisien réputé, pour entreprendre une nouvelle aventure sur le terroir provençal.

Il s'installe alors à Saint André de Figuière, vignoble de 16 hectares certifiés depuis 1979 en agriculture biologique, et perpétue à tous les stades de la culture la philosophie du précédent propriétaire : désherbants chimiques, insecticides et produits de synthèse sont bannis, pour allier la qualité des raisins au respect de l'environnement. Après plusieurs extensions au fil des ans, le domaine s'étend désormais sur 55 hectares entourés de pinèdes, chênes-lièges et eucalyptus. La terre repose sur une roche-mère de micaschiste permien ; pauvre et fragile, elle est aérée par plusieurs labours annuels, et les vignes sont enherbées (un rang sur deux) pour limiter l'érosion des sols. Le climat bénéficie d'un ensoleillement optimal et d'une régulation thermique assurée par les brises marines, permettant de précoces récoltes à maturité. Un soigneux épamprage dès les premiers bourgeons et des vendanges en vert fin juillet assurent des rendements très faibles.

La cueillette, en partie manuelle, est ensuite totalement égrappée et la vinification s'effectue par cépages séparés. Les cuves inox côtoient une centaine de barriques d'un quart de muid en chêne français, dans les chais entièrement climatisés. En cave, le domaine se distingue par des assemblages qui exaltent le mourvèdre dans ses rouges et rosés haut de gamme.

Dans l'appellation Côtes de Provence, Saint André de Figuière décline trois gammes tricolores. La cuvée *Signature* vinifiée traditionnellement, comprend un blanc baptisé *Valérie*, assemblage de rolle, sémillon et ugni blanc. Le rouge *François* et le rosé *Magali* proviennent des mêmes cépages : cinsault, syrah, cabernet et grenache. Ces vins d'esprit ludique sont particulièrement adaptés aux nouvelles tendances culinaires par leur caractère fruité, souple et frais.

Les rouges de la cuvée *Vieilles vignes* (mourvèdre et syrah) sont vinifiés en cuve durant un mois, avec pigeage manuel. Les jus de presse, sélectionnés, sont assemblés avant élevage de 6 à 8 mois en barriques de 300 litres. Les blancs (rolle majoritaire et sémillon), vendangés et vinifiés séparément, sont pressés délicatement, avant débourbage à froid, fermentation alcoolique

en cuve, soutirage, et seront collés avant assemblage. Les rosés (mourvèdre majoritaire et syrah) sont vinifiés à l'identique : ces vins de gastronomie conjuguent finesse, élégance et profondeur.

La cuvée *Réserve* est constituée d'un rouge issu de mourvèdre (90 %) et syrah aux très faibles rendements. Cuvaison de 30 à 40 jours, pigeage manuel, pressurage pneumatique, sélection des presses et assemblage ; élevage en barriques – 10 à 14 mois selon millésime – avec bâtonnage et soutirage. Le rosé issu de mourvèdre à 80 % est vinifié comme celui des *Vieilles Vignes*. Enfin, le blanc baptisé *Delphine* est un monocépage de rolle qui fermente en barriques, avant élevage de 6 à 12 mois, bâtonnage, collage et filtration, puis mise en bouteille en avril. Nostalgie de ses premières amours en chablis ?

Le vigneron affirme sa quête permanente de minéral pour la distinction de ces cuvées.

Alain Combard et son épouse Gabrielle peuvent s'estimer comblés puisque leurs trois enfants les assistent désormais sur le domaine. Diplômé des beaux-arts, François déploie ses talents d'artiste sur l'ensemble de l'exploitation. Delphine, l'aînée, rejoint ensuite son père pour assurer la gestion du patrimoine. L'expansive Magali, prédestinée à la communication, se charge d'étendre la renommée de Saint André de Figuière sur tous les continents. Cet esprit de famille imprègne l'ambiance du caveau d'une souriante complicité, propice aux meilleures dégustations.

CHÂTEAU SAINT JULIEN D'AILLE

Les témoignages d'un riche passé romain parsèment encore ce site d'exception, tout proche de l'ancienne voie Aurélienne : aqueduc parfaitement conservé, canaux d'irrigation intacts. Le nom du domaine y fait également référence, qui rend hommage au centurion Julien martyrisé en 304 après J. C. (L'Aille est le nom de la petite rivière qui borde les terres.) Selon la convention historique, différents ordres s'y succèdent jusqu'à la Révolution, notamment les bénédictins de l'abbaye Saint-Victor de Marseille, et les cisterciens de l'abbaye du Thoronet toute proche. En 1835, Saint Julien d'Aille revient par donation à l'Institut Pasteur, qui le conserve jusqu'en 1973.

Au faîte d'une carrière dans l'aéronautique, Bernard Fleury s'y installe en 1999. Ancien assistant de Zino Davidoff, il a développé une acuité olfactive propice à son ambition : élaborer ici des vins d'exception. Le domaine s'y prête à merveille : 172 hectares d'un seul tenant formant un cirque grandiose au pied du massif des Maures. Cerné de chênes et de pins majestueux, le vignoble couvre 80 hectares, entre la plaine argilo-sableuse de l'Aille et les coteaux constellés de galets de quartz. Les investissements

sont à la mesure du potentiel de ce sol : réception des vendanges par gravité, pressoir pneumatique, thermorégulation et salle d'embouteillage entièrement automatisée. Une somptueuse batterie de cuves tronconiques en acier suédois avec pigeage intégré couronne le chai de vinification. L'élevage des vins s'effectue en cuves béton et boutes (anciennes barriques provençales de 600 litres) en chêne de l'Allier, pour les plus nobles cuvées.

La même attention est portée au vignoble, respectant la tradition en valorisant la richesse du terroir : culture raisonnée, vendange et tri manuels, maîtrise des rendements, récolte à maturité. La vinification souscrit à cette rigueur, procédant par distinction des parcelles (comme pour l'élevage) ; tous les blancs et rosés – y compris le vin de pays « Centurion » – sont élevés sur lies. Un vin blanc issu de viognier planté sur les terres sablonneuses proches de la rivière légitime d'éclatante façon la possible intégration de ce cépage à l'appellation d'origine.

Saint Julien d'Aille propose trois cuvées trico-lores en Côtes de Provence. La cuvée *Praetor* rouge (cabernet-sauvignon, carignan), rosé (cinsault, gre-nache, syrah) et blanc (rolle) offre des vins de soif, à boire jeunes. *Imperator* rouge (syrah, carignan), rosé (syrah, cinsault) et blanc (rolle, sémillon) comprend des vins riches, aux arômes de fruits plus soutenus, élevés en cuve puis 2 ans en bouteille. Enfin, la cuvée d'exception *Triumvir des Rimbauds*, issue de coteaux idéalement exposés, aux très faibles rendements (moins de 40 hectolitres par hectare) présente un rouge de syrah, élevé 1 an en boutes puis 3 ans en bouteilles ; équilibre entre puissance et élégance, prometteur d'une longue garde. Le rosé (grenache, mourvèdre, syrah) élevé sur lies, très structuré, est un vin de gastronomie. Le blanc de rolle, élevé sur lies puis 12 mois en boutes,

se distingue par son gras et sa finale réglissée, et mérite le passage en carafe. La gamme « Centurion » (vin de pays du Var) est traitée dans le même esprit.

La restauration du château est achevée. Sa façade s'orne à nouveau de la statue de saint Julien, encadrée par celle de Jésus, Marie et Joseph, toutes en provenance de l'ancien édifice religieux. Vinothèque et cave ont retrouvé l'altière et rigou-reuse architecture cistercienne sur les lieux de l'an-cienne chapelle, partiellement transformée en intime salle de réception. Plus vaste et destiné à l'é-vénementiel, le salon « Palatium », voisin, s'ouvre sur l'étang et les vignes de la propriété. Inscrite dans le vaste seuil dallé, la devise *Vigor ac fides* (fort et fidè-le) vous invite à la dégustation.

CHÂTEAU SAINTE ROSELINE

Ce haut lieu touristique de la Provence est mentionné dès 1036 dans le cartulaire de l'abbaye Saint-Victor de Marseille. Un ermite nommé Roubaud y avait élu « domicile » près d'une source abondante, toujours en activité. Peu à peu, le modeste oratoire donna naissance à une abbaye bénédictine appelée la Celle-Roubaud. Acquise par l'évêque de Fréjus (futur pape en Avignon sous le nom de Jean XXII), elle entame alors une activité viticole qui perdure aujourd'hui avec éclat.

À cette époque, Roseline, fille du marquis de Villeneuve, seigneur des Arcs, réalise un premier prodige qui récompense sa grande mansuétude. Une vocation religieuse éclôt auprès de sa tante, prieure à la Celle-Roubaud, dont elle prendra la succession. Elle s'y épuise en dévouement et meurt en 1329. Son corps, exhumé cinq ans plus tard, est retrouvé intact et ses yeux ont conservé l'éclat de

la vie. Vérifié en 1660 par le médecin personnel de Louis XIV, le miracle lui vaudra la canonisation. Sainte Roseline ne sera embaumée qu'en 1894 ; elle repose toujours dans ses habits sacerdotaux, sous une châsse de cristal exposée au public dans la chapelle du château. Entourée de mosaïques de Chagall, bas-relief en bronze de Giacometti et vitraux de Bazaine, elle demeure le sujet d'un culte ardent, rendu chaque année par plus de 40 000 visiteurs.

Après la Révolution, la chapelle fut vendue aux habitants des Arcs et le château appartint alors aux barons de Rasque de Laval, dont le descendant Henri fut l'un des principaux initiateurs des crus classés et de l'accession à l'A.O.C. (la baronne a par ailleurs créé la fameuse bouteille « lampe de méduse » qui illustre toujours la cuvée homonyme).

Après avoir connu la gloire, le domaine tombait en langueur lorsqu'il fut repris en 1994 par Bernard Teillaud. Ce promoteur immobilier qui avait fait ses

premières armes sur l'exploitation paternelle voisine des Demoiselles, entreprend des travaux titanesques, arrachant et replantant la moitié du vignoble. La cave est entièrement restructurée en 1996 avec un chai de vinification imposant (capacité : 9 000 hectolitres) réparti sur trois niveaux, composé de cuves inox thermorégulées, de cuves bois tronconiques, et deux chais de vieillissement abritant trois foudres neufs et six cents barriques. Quinze cuves autopigeantes dont trois en bois permettent d'extraire la quintessence des rouges, et un système de tri novateur est installé.

La vigne (80 hectares en cru classé) entièrement palissée, est traitée en agriculture raisonnée, sous l'égide de l'œnologue Christophe Bernard. Sol argilo-calcaire à calcaire, climat sous influence méditerranéenne. Plantations densifiées, désherbage mécanique, vendanges en vert maîtrisant les rendements à 35 hectos/hectare en moyenne. À l'opposé de la tendance actuelle, la proportion des rosés ne dépasse pas 50 %, au bénéfice des grands rouges de garde. La cuvée *Prieure*, fleuron du château, est vinifiée seize mois en barriques pour les rouges (syrah, cabernet-sauvignon et mourvèdre) ; onze mois en barriques pour les blancs (rolle) et quatre mois pour les rosés (mourvèdre et syrah). La cuvée *Lampe de méduse* rouge (syrah, grenache et carrignan) est élevée en foudres neufs pendant douze mois. Ses rosés (cinsault, grenache, mourvèdre, syrah, tibouren) et ses blancs (rolle et sémillon) sont vinifiés et élevés sur lies en cuves inox dont 20 % en barriques pour les blancs. Enfin, une cuvée d'exception, baptisée *La Chapelle*, aux quantités très limitées et

provenant de sélection drastique de raisins, est élevée sur lies en barriques avec bâtonnage. Rolle pour les blancs ; mourvèdre, syrah et tibouren pour les rosés (10 % sont élevés en barriques) ; mourvèdre, syrah et cabernet-sauvignon pour les rouges. Ces derniers ne sont produits que dans les grands millésimes, gage de leur ambition.

Le château, inscrit au Patrimoine, est entièrement remanié par Jean-Michel Willmotte. Le cloître abrite des œuvres d'Arman, Folon, Sosno et César. Concerts, expositions et rencontres gastronomiques ponctuent les saisons, réalisant l'osmose parfaite entre les arts et le vin. Aurélie Bertin, fille du propriétaire, assure la renommée de l'ensemble et préside aux destinées du domaine voisin des Demoiselles, rendant ainsi hommage à ses aïeux.

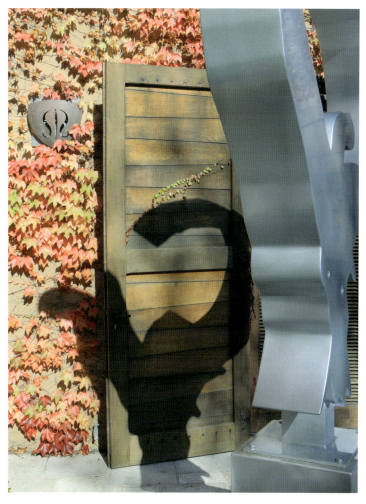

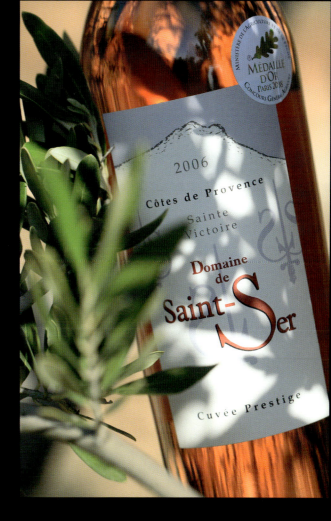

DOMAINE DE SAINT-SER

C'est un ermite chrétien du Ve siècle, retiré dans une grotte voisine et vénéré par les fidèles de la région, qui a donné son nom au domaine. Son aura faisait de l'ombre à Euric, souverain wisigoth et féroce mécréant qui régnait alors sur la Provence. Refusant toute allégeance à l'intrus, Saint-Ser fut alors décapité par ses sbires. Une sépulture fut édifiée sur les lieux du supplice. Aujourd'hui encore, la chapelle de Saint-Ser érigée à sa mémoire attire le 24 mai de chaque année une foule de pèlerins pour un office du souvenir.

Riche de cette histoire, le domaine de Saint-Ser l'est aussi de son terroir, le plus élevé sur les flancs de la Sainte-Victoire (400 mètres d'altitude). Littéralement adossés au pied de la falaise, ses 33 hectares de coteaux entièrement classés sont orientés plein sud. Ils jouissent ainsi d'un ensoleillement idéal, encore magnifié par la réverbération calorifique de la roche blanche, qui persiste durant la nuit. Le sol argilo-calcaire pierreux et aride favorise par ailleurs la concentration des raisins assainis par la circulation des vents en couloir, entre montagne et plateau du Cengle.

Délaissant son officine parisienne pour élaborer ici de plus voluptueux élixirs, Jacqueline Guichot acquiert le domaine au début 2006, et s'y investit avec l'énergie insufflée par cette nouvelle passion. Elle pratique sur le vignoble – entièrement palissé – une culture raisonnée avec amendements organiques et labours. Les vignes, âgées d'une vingtaine d'années, sont entretenues pour l'obtention de rendements inférieurs à 40 hectolitres/hectare, voire bien moindres pour la cuvée haut de gamme. La cave a été totalement rénovée, avec une cuverie inox thermorégulée, l'installation de deux pressoirs pneumatiques permettant un travail matinal

précoce, et un chai à barriques entièrement climatisé.

Classé en totalité sur l'appellation *Sainte-Victoire* reconnue en 2004, le domaine de Saint-Ser propose deux déclinaisons complètes de ses vins. La cuvée *Tradition* comprend un blanc exclusivement issu de rolle, qui fermente à basse température (16°) avec collage léger et soutirages rapides. Le rouge issu de grenache, syrah et cabernet-sauvignon fermente à température médiane (25°) pour une extraction douce des tanins et la mise en valeur du fruité. Le rosé issu de cinsault, syrah et grenache macère quelques heures, puis fermente à basse température ; collage léger et soutirages rapides. La cuvée *Prestige*, sur laquelle repose la notoriété du domaine, offre un blanc de rolle ramassé

en légère surmaturité (fermentation à basse température, collage léger) dont 20 % de la cuvée seront élevés en barriques neuves pour une touche de vanille. Le rouge est issu de grenache, syrah et cabernet-sauvignon. Après foulage et égrappage, les moûts fermentent plusieurs semaines au contact des pulpes, pour favoriser couleur et structure. Fermentation longue, une seule filtration avant mise en bouteilles. Potentiel de garde : 6 à 8 ans. Le rosé doit sa notoriété à l'assemblage de grenache, cinsault et syrah, assorti de rolle pour certains millésimes. Macération rapide puis courte saignée, fermentation à basse température et mise en bouteilles en mars. Enfin, une cuvée exceptionnelle baptisée *Les hauts de Saint-Ser* et réservée aux grands millésimes, présente alors un rouge provenant des plus belles parcelles de syrah et cabernet-sauvignon,

vinifiés séparément. Après une cuvaison de trois semaines, l'élevage s'effectue durant un an en barriques neuves de chêne français avant assemblage. La mise en bouteilles, très légèrement filtrée, préserve le potentiel de ce vin de longue garde (8 à 10 ans).

Avis aux pèlerins de toutes obédiences : conjointement à sa chapelle, une visite s'impose au domaine de Saint-Ser, pour rendre un hommage bachique à celui qui arrosa de son sang ce terroir d'exception.

159

CHÂTEAU THUERRY

Précurseur en France des enquêtes et analyses d'opinion, Jean-Louis Croquet a fondé Taylor Nelson Sofres (TNS) basé à Londres, dirigé BVA, et créé la radio libre RFM. L'acquisition d'un premier domaine en terroir chablisien confirme son inclination de vigneron, aux antipodes des contraintes financières de la city. En 1998, après maintes recherches dans le sud de la France, il tombe en arrêt devant ce magnifique vignoble au potentiel délaissé. Rugbyman invétéré, il se lance alors dans la rude mêlée des aspirants à l'élite vigneronne.

Le domaine se prête à pareille ambition. Sa noble demeure templière du XIIᵉ siècle, ancienne villa romaine aux vestiges affleurant partout, est entourée de 300 hectares, dont 50 de vignes partiellement situées en A.O.C. Côtes de Provence. Sur ce terroir argileux et schisteux à prédominance calcaire sont plantés dix cépages, dont le merlot – magnifique intrus –, des mourvèdres parfaitement adaptés, et quelques anciens sémillons destinés à de très élitistes vendanges tardives. Apothéose de gigantesques travaux, un chai de 2 300 m² signé par les architectes Leibar et Seigneurin est adossé aux pieds du château, qu'il met en scène par sa ligne épurée. Récemment classé parmi les plus beaux du monde, il abrite une ronde de 12 cuves inox (identiques à celles de Haut-Brion !) et 2 cuves en chêne tronconiques pour vinifier les grands rouges, dont certains vieilliront en barriques de chêne d'origine française et américaine (ce dernier pour son arôme plus vanillé est plus spécialement dédié aux rosés).

Le vignoble, exposé plein sud à flanc de colline, sur sol très caillouteux, est situé à 400 mètres d'altitude (climat continental), et traité en culture

raisonnée. Les vendanges s'effectuent à la main tout comme le tri sur table. Le raisin foulé et éraflé descend par gravité jusqu'en cave, où les températures sont régulées par ordinateur. Tous les vins sont issus de saignée. Pour les assemblages, le propriétaire s'entoure de l'œnologue aixois Daniel Péraldi, du directeur et maître de chai Serge Gombert, et du caviste Sébastien Pérétié.

Également renommé pour ses vins d'A.O.C. coteaux varois et pour sa mythique cuvée *Exception*, Château Thuerry présente en Côtes de Provence – objet du présent ouvrage – une gamme complète baptisée *Le Château*, qui comprend 60 % de rosés, 25 % de rouges et 15 % de blancs. Les rosés, issus à parité de grenache et syrah, sont vinifiés par macération préfermentaire à froid pendant 12 à

24 heures ; les jus de presse et de goutte sont séparés, l'élevage s'effectue sur lies fines durant 5 mois avant filtration tangentielle. Les blancs, issus de sémillon, clairette et ugni blanc, sont vinifiés à l'identique, avec un éventuel passage en barriques. Les rouges, assemblage de syrah (40 %), grenache, cabernet-sauvignon (25 % chacun) et mourvèdre macèrent d'abord à froid durant 36 à 48 heures. La seconde macération comprend remontages et pigeages alternés. La troisième phase – postfermentaire à 30°C – permet d'obtenir de la rondeur et du gras. L'élevage s'effectue en cuve durant 18 à 24 mois, pour conserver les arômes primaires du fruit. Après légère filtration (mais pas de collage), ils vieilliront encore un an en bouteilles, et une garde de 3 à 6 ans achèvera le développement des arômes tertiaires.

Né au château de Versailles, Jean-Louis Croquet a convaincu son ami Alain Baraton, jardinier en chef du royal édifice, de créer une vigne au hameau de la Reine. En 2006 furent plantés 1950 pieds de cabernet-franc et merlot, alors même que Sophia Coppola tournait son film *Marie Antoinette* sur les lieux. Épouse de Thomas Croquet, l'un des fils de Jean-Louis, celle-ci a convaincu son père Francis Ford Coppola de participer aux premières vendanges. Sécateur en main, le grand cinéaste a été nommé « premier assistant » à la vendange du château…

CHÂTEAU LA TOUR DE L'ÉVÊQUE

CHÂTEAU LA TOUR SAINTE-ANNE

Cette double désignation concerne un seul et même domaine. Pareille singularité remonte sans doute à sa période ecclésiastique : avant d'être rattaché aux biens nationaux par la Révolution, il appartenait en effet à l'évêché de Toulon. Son histoire est plus ancienne encore, puisque la reine Marie, comtesse de Provence, donna sur cette terre des privilèges aux habitants de Cuers. La légende prétend même que la reine Jeanne, sœur du roi René de Provence, y séjourna.

Gabriel Sumeire, fondateur de la dynastie vigneronne que nous retrouvons au fil de cet ouvrage, avait acquis ce domaine en 1958. Il s'était empressé de remettre en état le vignoble avec Roger, l'un de ses fils, et de restaurer la vieille cave creusée dans la roche, dont la charpente fut créée par des Compagnons, selon la tradition médiévale. Lors du partage familial en 1977, Roger hérite du domaine et y applique à son tour les méthodes culturales respectant la nature initiées par son grand-père qui bannissait déjà les désherbants chimiques. En 1990, il le confie à sa fille Régine qu'il a déjà laissée vinifier ici un blanc et quelques rouges, après l'avoir aidée à acquérir elle-même Château

Barbeyrolles, en 1977 également. Jusqu'à sa propre fin, vingt ans plus tard, Roger Sumeire n'aura cessé de lui prodiguer conseils et soutien pour lui transmettre à son tour une expérience atavique.

Après d'énormes travaux de restructuration, le vignoble s'étend désormais sur 89 hectares aux sols schisteux des phyllades d'Hyères – étages siluriens et grès rouges du permien. Il entoure de ses restanques la belle propriété remaniée au fil des siècles, et sera certifié en agriculture biologique dès 2008. Ébourgeonnage et vendanges en vert maintiennent les rendements entre 35 et 50 hectolitres par hectare sur ces vignes âgées de plus de 20 ans. La cueillette manuelle, permettant un tri soigneux à la vigne, est entamée après contrôle de la maturité phénolique. Les baies ainsi sélectionnées sont transportées par camion frigorifique et parviennent en cave par gravité. L'équipement des chais, constamment optimisé, vient d'accueillir de nouveaux pressoirs hydrauliques champenois « coquard »,

pour vinifier rosés et blancs à partir de raisins entiers, non foulés, afin d'en extraire tous les parfums. La vinification des rouges s'inspire des méthodes bordelaises : éraflage total, foulaison, cuvaison assez longue (8 à 15 jours), macération après fermentation, puis élevage en barrique – partie bois neuf – durant 12 à 20 mois, avec quelques soutirages. Les cépages sont vinifiés séparément selon leur maturité.

Château la tour Sainte-Anne 1998 présente un rouge issu de syrah (75 %) et cabernet sauvignon, élevé en foudres de chêne français et un rosé issu de cinsault, grenache, mourvèdre et syrah qui fermente à basse température après débourbage. Sous l'étiquette *Château la tour de l'Évêque* sont proposés quatre vins. Le blanc de blancs, assemblage de rolle et de sémillon essentiellement, ne repré-

sente que 10 % de la production du domaine mais bénéficie d'une attention particulière. Le rouge issu de syrah (92 %) et cabernet-sauvignon sera élevé en barriques, puis assemblé en cuve avant sa mise en bouteilles. La cuvée spéciale rouge baptisée *Noir et Or* est toujours élaborée avec la même parcelle de syrah, « le Collet du château », plantée en 1978. Elle sera élevée jusqu'à 20 mois en barriques, moitié bois neuf. Sous l'appellation *Pétale de rose* créée par Régine Sumeire, le célèbre rosé – frère jumeau de celui de Barbeyrolles – est issu de syrah, cinsault, grenache, mourvèdre et cabernet.

Sur ces terres qui ont accueilli plusieurs dames d'essence royale, Régine Sumeire, au nom de baptême prédestiné, établit à son tour une nouvelle souveraineté : celle de ses vins.

CHÂTEAU VEREZ

C'est en 1994 que Serge Rosinoer, à la tête d'une grande marque de cosmétiques, décide de créer en parallèle un produit d'une espèce différente, susceptible d'engendrer d'autres plaisirs hédonistes. Inclination héréditaire ? Ce petit-fils de vignerons aquitains part aussitôt en quête d'un domaine viticole, sans omettre dans ses critères de choix le souci esthétique qui l'a toujours guidé. Dès la première prospection, son épouse Nadine tombe sous le charme de cette propriété d'une centaine d'hectares blottie au pied du massif des Maures, dans un environnement de chênes-lièges et de pins parasols. Une grande sérénité se dégage de ces lieux, dont la vue s'étend sur tous les points cardinaux. Le potentiel du terroir, entrevu par le précédent exploitant, constitue un atout décisif que le couple entend bien développer au plus haut niveau.

C'est leur fille Laurence qui s'en chargera. À 35 ans, elle abandonne sans regret sa carrière de pharmacienne dans les brumes parisiennes pour la science plus ludique de l'œnologie sous le soleil provençal. Quatorze ans plus tard – dont douze de travaux ! – les vignes sérieusement remaniées sont passées de 25 à 32 hectares A.O.C. Côtes de Provence. Elles reposent sur les sols argilo-sableux de cette plaine non alluviale. Âgées en moyenne d'une quarantaine d'années, elles ont conservé certains pieds d'ugni blanc et de clairette qui en affichent presque le double. En projet imminent, les cépages rolle et tibouren y seront nouvellement introduits. Les caves pourvues en nouveau matériel

comportent désormais deux groupes de froid et deux pressoirs pneumatiques. Avec le même enthousiasme, tous les bâtiments ont été entièrement restaurés : la belle fontaine et les platanes séculaires qui entourent la maison de maître ont même été déplacés pour favoriser l'harmonie des lieux !

Le jeune chef de culture Fouad Essoualeh assure la succession de son père avec la même fidélité : culture raisonnée, vendanges manuelles et parcellaires, sélection rigoureuse des baies. Toutes les grappes sont éraflées. Les rouges macèrent grains entiers à froid pendant 48 heures pour développer les arômes ; ils sont stabilisés entre 28 et 30° pour provoquer la macération carbonique et l'extraction des couleurs et des tanins. Remontage, délestage et pigeage s'effectuent durant

8 à 10 jours ; élevage partie en bois neuf (roulements sur trois ans). Les rosés et les blancs, pressés, sont maintenus à 16° en cuve de 10 à 16 heures. Une partie de la récolte est macérée à froid, baies entières, pour améliorer la couleur et les arômes. Les bourbes sont récupérées, filtrées et réinjectées aux moûts dans le même esprit.

Château Verez présente un rouge *Cuvée du château* (mourvèdre, cabernet-sauvignon, syrah) et rosé (grenache, cinsault, syrah). La *Cuvée des Dames rouge* est issue des mêmes cépages que celle du Château Verez, sélectionnés pour lui imprimer son caractère unique. Robe grenat soutenu, nez de fruits noirs et de cuir, bouche épicée aux tanins soutenus promettant une longue garde. Le rosé (grenache, cinsault, syrah, mourvèdre) offre une robe

pâle, un nez de fruits exotiques et d'eucalyptus, avec une bouche de petits fruits rouges, longue et structurée ; il pourra soutenir tout un repas. Le blanc (ugni blanc, clairette) dans sa robe lumineuse d'or vert et au nez de fleurs blanches présente une bouche fraîche de poire et ananas. Tous sont régulièrement médaillés à Paris et Mâcon.

« À Château Verez, on fait le vin comme on aime le boire », affirme Laurence en manifeste. Elle organise également diverses rencontres autour de cette forte pensée : Salon annuel de décoration, préparation d'un festival de musique, d'expositions. Élégante manière de faire partager ses goûts…

ADRESSES DES DOMAINES

CHÂTEAU L'AFRIQUE
83390 Cuers
℡ 04 94 48 50 31
Fax : 04 94 28 61 63
Site : www.chateaux-elie-sumeire.fr
E-mail : sumeire@sumeire.com

DOMAINE DE L'ANGUEIROUN
La Verrerie RN 98
83230 Bormes-les-Mimosas
℡ 04 94 71 11 39
Fax : 04 94 71 75 51
E-mail : angueiroun@libertysurf.fr

CHÂTEAU BARBEIRANNE
83790 Pignans
℡ 04 94 48 84 46
Site : www.chateau-barbeiranne.com
E-mail : contact@chateau-barbeiranne.com

CHÂTEAU BARBEYROLLES
Presqu'île de Saint-Tropez
83580 Gassin
℡ 04 94 56 33 58
Fax : 04 94 56 33 49
Site : www.toureveque.com
E-mail : regine.sumeire@toureveque.com

LA BASTIDE NEUVE
SCEA Domaine de la Bastide Neuve
Quartier Maltrate
83340 Le Cannet-des-Maures
℡ 04 94 50 09 80
Fax : 04 94 50 09 99
E-mail : domaine@bastideneuve.fr
Site : www.bastideneuve.fr

DOMAINE DE LA BERNARDE
83340 Le Luc
℡ 04 94 50 17 50
Fax : 04 94 47 96 04
E-mail : meulnart.sa@orange.fr

CHÂTEAU DE BERNE
Route de Salernes
83510 Lorgues
℡ 04 94 60 43 52
Site : www.chateauberne.com
E-mail : vins@chateauberne.com

DOMAINES DE BERTAUD-BELIEU
Presqu'île de Saint-Tropez
83580 Gassin
℡ 04 94 56 16 83
Fax : 04 94 56 26 26

DOMAINE DE LA COURTADE
Île de Porquerolles
83400 Hyères
℡ 04 94 58 31 44
Fax : 04 94 58 34 12
Site : www.lacourtade.com
E-mail : domaine@lacourtade.com

CHÂTEAU COUSSIN
Châteaux Elie Sumeire
Château Coussin Sainte-Victoire
13530 Trets
℡ 04 42 61 20 00
Fax : 04 42 61 20 01
Site : www.chateaux-elie-sumeire.fr
E-mail : sumeire@sumeire.com

DOMAINE DE LA CROIX
Hameau Bastide Blanche
83350 Ramatuelle
℡ 04 94 54 33 29
Site : www.domainedelacroix.com

CHÂTEAU LES CROSTES
2086, chemin Saint-Louis
BP 55
83510 Lorgues
℡ 04 94 73 98 40
Fax : 04 94 73 97 93
Site : www.chateau-les-crostes.eu

CHÂTEAU D'ESCLANS
Domaines Sacha Lichine
4005 route de Callas
83920 La Motte-en-Provence
℡ 04 94 60 40 40
Fax : 04 94 70 23 99
Site : www.chateaudesclans.com
E-mail : chateaudesclans@sachalichine.com

CHÂTEAU FERRY-LACOMBE
Route de Saint-Maximin
13530 Trets
℡ 04 42 29 40 04
Fax : 04 42 61 46 65
Site : www.ferrylacombe.com
E-mail : info@ferrylacombe.com

CHÂTEAU FONT-DU-BROC
83460 Les Arcs-sur-Argens
℡ 04 94 47 48 20
Fax : 04 94 47 50 46
Site : www.chateau-fontdubroc.com
E-mail : caveau@chateau-fontdubroc.com

CHÂTEAU GRAND'BOISE
Chemin de Grisole
BP 2
13530 Trets
℡ 04 42 29 22 95
Fax : 04 42 61 38 71
Site : www.grandboise.com
E-mail : contact@grandboise.com

CHÂTEAU LÉOUBE
2387, route de Léoube
83230 Bormes-les-Mimosas
℡ 04 94 64 80 03
Fax : 04 94 71 75 40
E-mail : chateauleoube@wanadoo.fr

CHÂTEAU MALHERBE
1, route du Bout-du-monde
83230 Bormes-les-Mimosas
℡ 04 94 64 80 11
Fax : 04 94 71 84 46
Site : www.chateau-malherbe.com
E-mail : chateaumalherbe@vinsdusiecle.com

CHÂTEAU DES MARRES
Route des Plages
83350 Ramatuelle
℡ 04 94 97 22 61
Fax : 04 94 96 33 84
Site : www.chateaudesmarres.com

CHÂTEAU MENTONE
401, chemin Mentone
83510 Saint-Antonin-du-Var
℡ 04 94 04 42 00
Fax : 04 94 37 27 57
Site : www.chateaumentone.com
E-mail : info@chateaumentone.com

CHÂTEAU MINUTY
Route de Ramatuelle
83580 Gassin
℡ 04 94 56 12 09
Fax : 04 94 56 18 38
E-mail : jet.matton@wanadoo.fr

CHÂTEAU MIRAVAL
83570 Correns
℡ 04 94 86 39 33
Fax : 04 94 86 46 79
Site : www.miraval.com

DOMAINES OTT
CLOS MIREILLE
Route de Brégançon
83250 La Londe-les-Maures
℡ 04 94 01 53 50
Fax : 04 94 01 53 51
Site :www.domaines-ott.com
E-mail : closmireille@domaines-ott.com

CHÂTEAU DE SELLE
Route départementale 73
83460 Taradeau
℡ 04 94 47 57 57
Fax : 04 94 47 57 58
Site : www.domaines-ott.com
E-mail : chateaudeselle@domaines-ott.com

CHÂTEAU PAS-DU-CERF
Route Collobrières CD 88
83250 La Londe-les-Maures
℡ 04 94 00 48 80
Site : www.pasducerf.com
E-mail : info@pasducerf.com

CHÂTEAU PEYRASSOL
Château Commanderie Peyrassol
RN 7
83340 Flassans-sur-Issole
℡ 04 94 69 71 02
Fax : 04 94 59 69 23
Site : www.pcyrassol.com
E-mail : contact@peyrassol.com

CHÂTEAU DE POURCIEUX
F 83470 Pourcieux
℡ 04 94 59 78 90
Fax : 04 94 59 32 46
Site : www.chateau-de-pourcieux.com

CHÂTEAU RASQUE
83460 Taradeau
☎ 04 94 99 52 20
Fax : 04 94 99 52 21
Site : www.chateau-rasque.com
E-mail : mail@chateau-rasque.com

CHÂTEAU RÉAL MARTIN
Route de Barjols
83143 Le Val-en-Provence
☎ 04 94 86 40 90
Fax : 04 94 86 32 23
Site : www.chateau-real-martin.com
E-mail : crm@chateau-real-martin.com

CHÂTEAU RÊVA
Route Bagnols
83920 La Motte
☎ 04 94 70 24 57
Fax : 04 94 84 31 43
Site : www.chateaureva.fr
E-mail : chateaureva@wanadoo.fr

DOMAINE DE RIMAURESQ
83790 Pignans
☎ 04 94 48 80 45
Fax : 04 94 33 22 31
Site : www.rimauresq.com

CHÂTEAU ROUBINE
Route des Vins – RD 562
83510 Lorgues
☎ 04 94 85 94 94
Fax : 04 94 85 94 95
Site : www.chateauroubine.com
E-mail : riboud@chateauroubine.com

CHÂTEAU DU ROUËT
Domaine Château du Rouët
Route Bagnols
83490 Le Muy
☎ 04 94 99 21 10
Fax : 04 94 99 20 42
Site : www.chateau-du-rouet.com

DOMAINE SAINT ANDRÉ DE FIGUIÈRE
BP 47
83250 La Londe-les-Maures
☎ 04 94 00 44 70
Fax : 04 94 35 04 46
Site : www.figuiere-provence.com

CHÂTEAU SAINT JULIEN D'AILLE
5480 – D48 – Route de la Garde-Freinet
83550 Vidauban
☎ 04 94 73 02 89
Fax : 04 94 73 61 31
Site : www.saintjuliendaille.com
E-mail : vinotheque@saintjuliendaille.com

CHÂTEAU SAINTE ROSELINE
83460 Les Arcs-sur-Argens
☎ 04 94 99 50 30
Fax : 04 94 47 53 06
Site : www.sainte-roseline.com
E-mail : contact@sainte-roseline.com

DOMAINE DE SAINT-SER
Route Cézanne – D17
13114 Puyloubier
☎ 04 42 66 30 81
Fax : 04 42 66 37 51
Site : www.saint-ser.com
E-mail : info@saint-ser.com

CHÂTEAU THUERRY
83690 Villecroze
☎ 04 94 70 63 02
Fax : 04 94 70 67 03
Site : www.chateauthuerry.com
E-mail : thuerry@chateauthuerry.com

CHÂTEAU LA TOUR DE L'ÉVÊQUE
Château la Tour Sainte-Anne
83390 Pierrefeu
☎ 04 94 28 20 17
Fax : 04 94 48 14 69
Site : www.toureveque.com
E-mail : regine.sumeire@toureveque.com

CHÂTEAU VEREZ
Le Grand Pré
83550 Vidauban
☎ 04 94 73 69 90
Fax : 04 94 73 55 84
Site : www.chateau-verez.com
E-mail : verez@chateau-verez.com

APPELLATIONS D'ORIGINE CONTRÔLÉE
- Côtes de Provence
- Côtes de Provence Sainte-Victoire
- Côtes de Provence Fréjus
- Coteaux d'Aix-en-Provence
- Coteaux Varois en Provence

© CIVP/GRAPHO

LIEUX DE PROMOTION DES CÔTES DE PROVENCE

Syndicat des Vins A.O.C. Côtes de Provence
RN7 – 83460 Les Arcs-sur-Argens
℡ 33 (0)4 94 99 50 00
E-mail : sdvcp@wanadoo.fr

Maison des Vins A.O.C. Côtes de Provence
RN7 – 83460 Les Arcs-sur-Argens
℡ 33 (0)4 94 99 50 20
E mail : caveaucp@wanadoo.fr

Association des Vignerons de la Sainte-Victoire
Vinothèque Sainte-Victoire
1, bd Étienne Boyer – BP 25 – 13530 Trets
℡ 33 (0)4 42 61 37 60
E-mail : vinotheque@vins-sainte-victoire.com

Association Vins et Terroir de Fréjus
Domaine de Curebéasse – 83600 Fréfus
℡ 33 (0)4 94 40 87 90

Conseil Interprofessionnel des Vins de Provence
Maison des Vins – RN7 – 83460 Les Arcs-sur-Argens
℡ 33 (0)4 94 99 50 10
Fax : 33 (0)4 94 99 50 19
E-mail : civp@provencewines.com
Site : www.vinsdeprovence.com

**Centre de recherche
et d'expérimentation sur le vin rosé**
70, avenue Wilson – 83550 Vidauban
℡ 33 (0)4 94 99 74 14
E-mail : centredurose@wanadoo.fr

GLOSSAIRE

A.O.C. : Appellation d'origine contrôlée.

Argilo-calcaire : composition du sol optimale pour la vigne.

Assemblage : élaboration des cuvées à partir de cépages différents.

Baie : grain de raisin.

Barrique : tonneau en bois (225 litres en général).

Bâtonnage : opération effectuée sur les blancs 1 à 2 fois par semaine pendant plusieurs mois, consistant à mélanger les levures en suspension dans les lies. Elle s'effectuait autrefois à l'aide de bâtons, et par pompage désormais.

Biodynamique : culture biologique respectant les cycles naturels de la nature et le calendrier astronomique.

Biologique : culture excluant les engrais et traitements chimiques de synthèse.

Cépage : variété de plant de vigne cultivée.

Chai : local abritant les contenants dans lesquels sont élevés ou stockés les vins.

Chapeau : parties solides du raisin qui forment une croûte à la surface de la cuve de fermentation.

Charpenté : vins aux composantes solidement équilibrées.

Collage : clarification et stabilisation du vin au moyen d'une « colle » qui précipite les matières en suspension. La colle peut être composée de blanc d'œuf, protéines issues de vessies de poissons, ou mélange de gélatine et d'argile.

Compost : déchets à base de plantes, fertilisant naturel des sols.

Culture traditionnelle : respecte la nature, le raisin et les coutumes du terroir local.

Débourbage : clarification des jus par refroidissement, élimination des particules étrangères en suspens.

Drapeau (en) : technique artisanale (mais toujours efficace !) de refroidissement des cuves par évaporation : on les emmaillotte de tissu mouillé.

Écimage : raccourcissement de la partie supérieure de la vigne, permettant de lui redonner de la vigueur.

Effruitage : élimination d'une partie du raisin en formation, pour privilégier les plus belles grappes et limiter les rendements.

Égrappage (ou éraflage) : élimination des tiges de la grappe afin de n'en conserver que les baies.

Filtrage : élimination des dernières impuretés avant mise en bouteilles.

Finale : fin de perception du vin en bouche.

Foudre : tonneau de grande contenance.

Foulage : opération de broyage du raisin pour faire éclater les grains sans les écraser.

Gobelet : façon de tailler la vigne.

Levure : champignon provoquant la fermentation alcoolique.

Lie : dépôt résiduel en fin de fermentation.

Macération : les baies non pressées macèrent à froid dans le pressoir pour éviter l'oxydation et garder leur typicité ; de quelques heures pour les blancs à une vingtaine pour les rosés. Les rouges macèrent à 25°C-30°C, de quelques jours à un mois pour en extraire les arômes et le tanin.

Marc : résidu solide du pressurage du vin.

Maturité : moment où le raisin est jugé (par le vigneron ou l'œnologue) digne d'être vendangé : selon le taux de sucre, le taux d'acidité, les taux des composés phénoliques et l'aspect des baies.

Moût : jus de raisin en cours de fermentation. Il est blanc quelle que soit la couleur de la peau.

Nez : perception olfactive du vin.

Note : détails de perception du vin en bouche.

Ouillage : remplissage total des cuves pour compenser l'évaporation du vin et lui éviter tout contact avec l'oxygène.

Pigeage : brassage consistant à casser le chapeau de marc et à enfoncer les matières solides dans le jus.

Pressurage : procédé destiné à extraire l'essentiel du jus par pression douce (2 kg/cm^2).

Rafles : pédoncules de grappes qui poussent sur les sarments.

Remontage : recyclage du jus du fond de cuve sur les matières solides en suspension pour éviter le dessèchement du chapeau ; favorise l'extraction des tanins.

Rendement : quantité d'hectolitres produits par hectare.

Saignée : opération consistant à récupérer prématurément le moût en cours de fermentation ; généralement réservée au rosé.

Soutirage : transvasement du vin d'une cuve (ou tonneau) à l'autre pour éliminer le gaz carbonique et les plus grosses lies, et pour l'oxygéner.

Tanins (ou tannins) : présents dans la rafle, les pépins et la peau des grains, participent à la couleur, au goût et à l'évolution du vin.

Vin de goutte : jus ou vin qui s'écoule des raisins foulés mais non pressés.

Vin de presse : vin rouge s'écoulant du marc placé dans un pressoir, peut être additionné de vin de goutte si ce dernier manque de tanins.

BIBLIOGRAPHIE

Guide des Vins du Var, par Pierre Bedot,
éditions Jeanne Laffitte et Var-Matin.
Provence de la vigne et des vins,
par Christiane et René Lorgues, éditions Serre.
Encyclopédie du Vin, par Jarcis Robinson, éditions Hachette.
Route des vins et patrimoines en Provence,
par Jean-François Tealdi, éditions Le Gilletta.
Guide des Vins de Provence, par Denis Camel,
éditions Nustrale.com.

REMERCIEMENTS

Au Conseil Interprofessionnel des Vins de Provence, et à son
directeur François Millo et son équipe ;
aux Crus Classés des Côtes de Provence,
et à sa présidente Valérie Riboud.

Site internet du photographe : fabre@yp-photo.com

Collection « Terroir du soleil » :
   Tome 1 déjà paru : *Les Vins de Bandol* ;
   Tome 2 : *Les Grands Vins de Provence* ;
   Tome 3 à paraître : *Grands Vins du soleil (Coteaux d'Aix, etc.).*

Imprimé en France
sur les presses de

13420 Gémenos

pour le compte des éditions

AUTRESTEMPS Editions

Parc d'activités de la Plaine de Jouques
200, avenue de Coulins
13420 Gémenos
℡ 04 42 32 75 42
autrestemps@horizon-imprimeries.com

Dépôt légal : juillet 2008
ISBN : 978-2-84521-327-2
ISSN : 1953-9908

N° d'impression : 0806-035